隨身佛典

中阿含經

東晉罽賓三藏瞿曇僧伽提婆 譯

隨身佛典

中阿含經

東晉罽賓三藏瞿曇僧伽提婆 譯

隨身佛典

中阿含經

東晉罽賓三藏瞿曇僧伽提婆 譯

隨身佛典

中阿含經

東晉罽賓三藏瞿曇僧伽提婆 譯

中阿含經

東晉罽賓三藏瞿曇僧伽提婆 譯

隨身佛典

〈隨身佛典〉的出版因緣

我們一直希望改變佛經的閱讀習慣，使佛經的閱讀成為日常生活的一部分。隨時隨地，我們都能將揭示宇宙實相真義的經典，隨身攜帶閱讀，並能立即而適切地解決我們生活中的問題，昇華我們的生命，使我們的人生幸福、光明、喜樂。

佛法並非只在早晚課誦、佛堂或佛寺中出現而已，而應該在我們人生中的每一剎那出現。當我們困頓時，為我們解除煩惱；苦難時，消除傷痛；喜樂時，給予我們教示導引昇華；並時時刻刻的增長我們生命中的光明、智慧、慈悲，使我們有力的走向菩提大道。所以，佛法是生活中的事，我們用三法印思考，用四聖諦觀察，用八正道生活，用無上菩提來豐樂幸福我們的人生，生活、佛法、事業、家庭完全融合一體，這才是佛陀出現人間所要教導我們的主旨。也是佛陀時代，所有菩提行人的正常生活。但現在觀看人間的佛教行者，是否將思想、生活、佛法分開了，使佛法局限在生活中的某一角落、某一時間，只有在早晚課誦、佛堂、佛寺中悄悄出現。

我們認為這並非佛法生活的正常道，也不是佛陀教導我們的真正目的。因此，十分期望將佛經編輯成隨身可帶可讀，隨時可參考，是多麼理想的事啊！而且，這些經典，我們不只編出常用的《金剛經》

、《心經》、《彌陀經》、《法華經》而已，更期望將各類大小的經典，以分段、標點，製成理想易讀、易理解的版本，使佛法大眾隨意受用，我們更希望在將來捷運大量通車後，佛經的閱讀，也成為其中的一個特色。如果能如此，這真是「捷運乘」的佛經了。

經典的受持，不只讀誦而已，佛陀開示受持佛典的方式，共有十法門。即：一、書寫，二、供養，三、流傳，四、諦聽，五、披讀，六、受持，七、廣說，八、諷誦，九、思惟，十、修習。我們當然希望，由於閱經習慣的普遍化、生活化，使經典不只讀誦而已，更能使佛法大眾受持、思惟、修習，進而成就無上菩提。這是我們內心真誠的祈願，願諸佛三寶哀攝福佑，讓我們完成這個願望。

凡例

一、本經選自日本《大正新修大藏經》第一冊阿含部之中阿含經。

二、本經以日本《大正新修大藏經》（以下簡稱《大正藏》）為底本，而以宋版《磧砂大藏經》（新文豐出版社所出版的影印本，以下簡稱《磧砂藏》）為校勘本，並輔以《大正藏》本身所作之校勘，作為本經之校勘依據。

三、《大正藏》有字誤或文意不順者，本經校勘後，以下列符號表示之：

㈠改正單字者，在改正字的右上方，以「*」符號表示之。如《中阿含經》卷一〈木積喻經第五〉之中：

更就餘樹敷尼師檀結加趺坐。（《大正藏》）

更就餘樹敷尼師檀結跏趺坐。（《磧砂藏》）

校勘改作為：

更就餘樹敷尼師檀結*跏趺坐。

㈡改正二字以上者，在改正之最初字的右上方，以「*」符號表示之；並在改正之最末字的右下方，以「☆」符號表示之。

如《中阿含經》卷五〈師子吼經第四〉之中：

遍滿一切間世成就遊。（《大正藏》）

遍滿一切世間成就遊。（《磧砂藏》）

校勘改作為：

遍滿一切*世間☆成就遊。

四、《大正藏》中有增衍者，本經校勘刪除後，以「①」符號表示之；其中圓圈內之數目，代表刪除之字數。

如《中阿含經》卷七〈大拘絺羅經第九〉之中：

謂有比丘死知老死如真，⋯（《大正藏》）

謂有比丘知老死如真，⋯（《磧砂藏》）

校勘改作為：

謂有比丘①知老死如真，……

五、《大正藏》中有脫落者，本經校勘後，以下列符號表示之：

(一)脫落補入單字者，在補入字的右上方，以「◎」符號表示之。

如《中阿含經》卷二〈世間福經第七〉之中：

周那！信族姓男、族姓女，若得此七……（《大正藏》）

周那！有信族姓男、族姓女，若得此七……（《磧砂藏》）

校勘改作為：

周那！◎有信族姓男、族姓女，若得此七……

(二)脫落補入二字以上者，在補入之最初字的右上方，以「◎」符號表示之，並在補入之最末字的右下方，以「☆」符號表示之。

如《中阿含經》卷二〈七車經第九〉之中：

至第七車，乘第七車，（《大正藏》）

至第七車，捨第六車，乘第七車，（《磧砂藏》）

校勘改作為：

至第七車，⊙捨第六車☆，乘第七車，

六、《大正藏》中，凡不影響經義之正俗字（如：恆、恒）、通用字（如：蓮「華」、蓮「花」）、譯音字（如：目「揵」連、目「犍」連、目「乾」連）等彼此不一者，本經均不作改動或校勘。

七、《大正藏》中，凡現代不慣用的古字，本經則以教育部所頒行的常用字取代之（如：讃→讚），而不再詳以對照表說明。

八、凡《大正藏》經文內本有的小字夾註者，本經均以小字雙行表示之。

九、本經之經文，採用中明字體，而其中之偈頌、呪語及願文等，皆採用正楷字體。另若有序文、跋，則採用仿宋字體。

十、本經所作之標點、分段及校勘等，以儘量順於經義為原則，以方便讀者之閱讀。如有疏漏之處，尚請諸方長老上尊賢達大德不吝指正。

十一、標點方面，表示時間的名詞（或副詞），如：時、爾時等，以不逗開為原則。

十二、《大正藏》中阿含經各小經號若有缺漏者皆依序補上，不再另外註明。

十三、《中阿含經》有五誦，共十八品，每一誦皆有數品，有的一品分在兩誦中，如初一日誦有五品半，第二小土城誦有四品半等。本版《中阿含經》在內文中，一律保留古來《中阿含經》分誦分品的原型；但在總目錄及分冊目錄中，則將分散在五誦中的各品合為十八品，分在不同誦中的半品則以(上)、(下)來區分，以便於檢索。

中阿含經序

一、本經傳譯

《中阿含經》梵文名Madhyamāgama，巴利文名Majjhima-nikāya，有六十卷或五十八卷，為東晉僧伽提婆譯。

本經乃是南傳的五尼柯耶或北傳的四阿含經之一，相當於巴利文的中部(Majjhima-nikāya)。漢譯中收輯有六十卷、十八品、二百二十二經，而巴利文則收輯了三篇、十五品、百五十二經。

漢譯的中阿含是說一切有部的誦本，而南傳的中部則是銅鍱部的誦本。兩種不同的誦本，僅有九十八經相同，而品名相同的則有四品。兩者所以不同，是因為二部對四阿含的編輯體例組合不同的緣故。

《中阿含經》，在《彌沙塞五分律》及《分別功德論》中說：由於所匯集的眾經，不長不短，事處適中，所以稱為《中阿含經》。其漢譯前後共有二回。第一譯在《出三藏記集》卷十三中說，兜佉勒國(Tokhara覩貨邏、吐火羅)的沙門曇摩難提(Dharmanandi，漢譯法喜)，由前秦苻堅建元二十年至姚萇建初六年(A.D.384~391)間，在長安城內譯出《增壹阿含》及《中阿含》，凡一百卷。其中《增壹》有四十一卷，《中阿含》則為五十九卷。《出三藏記集》同卷及卷三說，難提口誦胡本，由竺佛念譯出。但卷三又說《增壹阿含》為三十三卷。

《高僧傳》卷一說，苻堅之臣武威太守趙正，因道忘身，為使慕容沖的叛逆不擾動關中，乃於長安城中集合衆僧，亦請難提譯出中、增壹兩阿含及其他經典。後來姚萇為寇逼進關內，關中危阻，難提乃請辭還回西域而不知其所終。此為第一譯本，因為很快即流失而無法傳至今日，其內容如何不得而知。

第二譯乃由罽賓國(Kaśmīra迦濕彌羅．羯濕弭羅)出身的瞿曇僧伽提婆(Saṃghadeva，漢譯衆天)共僧伽羅叉(Saṃgharakṣa，漢譯衆護)所譯出，共有六十卷，提婆傳記出於《出三藏記集》卷十

三、《開元釋教錄》卷三及《高僧傳》卷一，大體上大同小異。他在苻堅建元年間來長安宣流法化。當時長安亦有釋道安蒙秦主苻堅的優遇，接受贊助而監督研講翻譯的事業。曇摩難提譯出兩部阿含，部分原因可能是因道安的鼓勵。《出三藏記集》卷一三中說：「（武威大守趙正）乃與安公共請（曇摩難提）出經。」但因慕容沖兵難而中斷，道安於建元二十一年(A.D.385)突然棄世而不及訂正譯文。

後來山東歸於清平，僧伽提婆與冀州沙門法和共入洛陽，四、五年間定居該處，講經典習漢語，其間發覺到兩阿含的翻譯有不完全之處。隆安元年彼遊京師之時，正有東亭侯優婆塞王元琳，對譯經有極深之興趣，因此而建立精舍，招集四方學徒。其處在揚州建康縣界，僧伽於彼精舍中譯《中阿含》，由隆安元年十一月至二年六月(A.D.397～398)約七個月間譯畢。

上記之諸書中所出現的僧伽提婆傳，或是道慈法師所作的《中阿含》序文中說，請罽賓沙門僧伽羅叉翻譯胡本，或請僧伽提婆轉胡語為晉語。豫州沙門道慈筆受，吳國的李寶、唐化（或作康化）共寫成。忽然又因興兵難，因此此譯本無法充分校定，而書寫流傳出來，此本大約於隆安五年(A.D.401)譯畢。

二、本經大意

根據《出三藏記集》卷九道慈序，本經共有五誦、十八品，內收有二三經，約五一四八二五字。各品主題如下：

初一日誦，有五品半，合有六十四經。

〈七法品第一〉：說七種法數及相關問題，有十經。⑴《善法經》說知法、知義乃至知人勝如等七善法。⑵《晝度樹經》以三十三天晝度樹從葉萎黃、還生、花開等七法，譬喻比丘從出家到證果。⑶《城喻經》以王城七事具足、四食豐饒，譬喻聖弟子得七善法，成就四禪。⑷《水喻經》以常臥水中以至住岸七種人，譬喻世上有常作惡事到成四果等七類人。⑸《木積喻經》敘述佛見火燒木積，而為比丘說寧抱火受苦乃至殞身，也不願為女人破戒等事。⑹《善人往經》說七種阿那含喻，為七種善人所往到處及無餘涅槃。⑺《世間福經》說有施房舍、衣服等七種世間福，以及聞佛弟子至而歡喜踴躍等七種出世間福。(8)《七日經》，說明劫盡時由一日出世到七日同時出世的狀況，說明諸行無常，當求離捨解脫。(9)《七車經》以波斯匿王從舍衛國為速達婆鷄帝，次第乘坐七車，比喻由戒淨等七淨法，展轉施設得無餘涅槃。(10)《漏盡經》說斷除有漏的七種方法。

〈業相應品第二〉：說十善業與十不善業等法，有十經。(1)《鹽喻經》說修不修身、戒、心慧者，作不善業，受報差別。(2)《䚡破經》目蓮為尼乾弟子䚡破說無明盡則不受後有，及眼見色不喜不憂等六善住處。(3)《度經》敘述破外道宿命、尊佑、無因緣等三論，顯說眼、耳、鼻、舌、身、意等六處法，與地、水、火、風、空、識等六界法。⑷《羅云經》佛傾水覆器，教誡羅云（羅睺羅）莫妄語。⑸《思經》，說故作與不故作業受報不同。⑹《伽藍經》為伽藍園人說，誡十惡業，勤修四無量，得四安穩住處。⑺《伽彌尼經》為伽彌尼天子說十惡十善果報，如石如油，一沉一浮。⑻《師子經》為師子大臣說宗本可作不可作等法義。⑼《尼乾經》述說破尼乾子五可憎惡，如來得五稱譽。⑽《波羅牢經》為波羅牢說知幻是幻，自非幻者，並示四無量及遠離法定能斷疑惑。

〈舍梨子相應品第三〉：主要為舍梨子所說，或與他有關之事，共有十一經。⑴《等心經》說舍梨子為比丘說有內結人阿那含不還此間，有外結人阿那含還來此間，等心天以此白佛。⑵《成就戒經》舍梨子說成就戒、定、慧者現法證滅定，設不究竟，生餘意生天中，能知滅定。⑶《智經》舍梨子答黑齒比丘所問，並向佛說得智生已盡，梵行已立，所作已辦，不更受有等義。⑷《師子吼經》說有身身念者，則不輕慢梵行；若無身身念者，便輕慢梵行。⑸《水喻經》，說制止瞋念的五種不淨行除惱法。⑹《瞿尼師經》舍梨子因瞿尼師比丘告衆，無事比丘當學敬重、正念智等法。⑺《梵志陀然經》舍梨子教化梵志陀然生梵天修四無量心。⑻《教化病經》為給孤獨長者說法治病。⑼《大拘絺羅經》敘述舍梨子問尊者大拘絺羅，比丘成就見得正見、入正法事，彼以因知不善、知不善根等得正見入正法回應之。⑽《象跡喻經》述說四諦法攝諸善法，於一切法中最勝，並廣說內外四大觀。⑾《分別聖諦經》舍梨子廣說過現未諸佛廣顯四聖諦法。

〈未曾有法品第四〉：說佛及弟子種種未曾有法，共有十經。⑴《未曾有法經》阿難說佛於過去種種未曾有事，佛教誡更受持如來知生住滅智。⑵《侍者經》述說阿難立三願乃願為佛侍者，佛讚阿難種種未曾有法。⑶《薄拘羅經》尊者薄拘羅說種種未曾有知足之行。⑷《阿修羅經》敘阿修羅樂於大海八未曾有法，喻佛正法律中八未曾有。⑸《地動經》，說地動三因緣及如來成就功德得未曾有法。⑹《瞻波經》，以大海喻正法律中未曾有法。⑺、⑻《郁伽長者經》，佛說郁伽長者有八未曾有法，及長者布施之八未曾有法。⑼、⑽《手長者經》長者以四攝眾，修四無量心，佛讚七未曾有法後，復有第八未曾有法，此外另有八未曾有法。

〈習相應品第五〉：明示種種善法修習功德果報等事，共有十六經。⑴《何義經》說持戒為令人不悔，展轉得解脫貪、瞋、癡法。⑵《不思經》明持戒便得不悔不須思量。⑶《念經》、⑷、⑸《慚愧經》、⑹、⑺《戒經》、⑻、⑼《恭敬經》說有正念、正智、慚愧、持戒、行恭敬，便能護根護戒，乃至解脫而得涅槃。反之，則害護根、害護戒，乃至害涅槃。⑽《本際經》說惡人因近惡知識，展轉乃至無明生愛；善人因近善知識，展轉乃至七覺支生明解脫。⑾、⑿《食經》說惡人為惡知識等食，並說大海以大河乃至雨為食喻。⒀《盡智經》述說奉事善知識為聽聞善法之因，展轉為習正念智、正思惟，乃至解脫得漏盡智。⒁《涅槃經》明示無明為苦因，展轉乃至解脫為涅槃因，故遍觀無明等十二因緣而得涅槃。⒂《彌醯經》、⒃《即為比丘說經》敘述與善知識俱等五因，及修不淨觀等四法能令心解脫成熟。

《王相應品第六》：敘述轉輪聖王種種相應事，共有十四經，其中有七經在第二誦（品上七經）。⑴《七寶經》說明如來有七覺支寶，如轉輪王出世即有七寶出世。⑵《三十二相經》說具足三十二大人相者，在家為轉輪聖王，出家為如來世尊。⑶《四洲經》說佛本生為頂生王統御四洲，因不知足而致死，以明世人中知足厭患欲而命終者少。⑷《牛糞喻經》說頂生王布施等三種業報，以明五蘊無常變易之法等。⑸《頻鞞娑羅王迎佛經》佛為頻鞞娑羅王說五蘊無常等法，令王證得預流果並皈依成為優婆塞。⑹《鞞婆陵耆經》佛為阿難說往昔為優多羅童子時，因難提波羅陶師勸，而隨迦葉佛出家修行之本事，及明迦葉佛為頻鞞王稱讚難提波羅陶師之梵行等事。⑺《天使經》說閻王以生、老、病、死、治罪，五種事詰責罪人，名為五天使。

第二小土城誦有四品半，合有五十二經。

〈王相應品第六〉：（品下七經）。⑻《烏鳥喻經》為佛教誡比丘應守護身、口、意的清淨修八正道，莫依非法活命如獺、烏鳥等。⑼《說本經》述說阿那律陀往昔本事，因施辟支佛食得生七返人天為王，又記說未來螺轉輪王及彌勒佛出世等事。⑽《大天㮈林經》述說佛昔日為大天輪王髮白出家，並囑咐教化子孫亦如是出家，並囑阿難受持莫令佛種斷。⑾《大善見王經》述說佛往古於拘尸城為大善見王時，修四無量，六返捨身等事。⑿《三十喻經》佛為舍梨子以王臣應具三十德為嚴飾等，譬喻比丘比丘尼以戒德為嚴飾等事。⒀《轉輪王經》說往昔堅念、頂生，乃至未來螺轉輪王成就七寶得四種如意之德，以明比丘應如螺轉輪王以四念處為身境界等事。⒁《蜱肆經》說鳩摩羅迦葉以種種譬喻，斷蜱肆王的無後世見，並令捨見歸敬三寶。

〈長壽王品第七〉：收十五經。⑴《長壽王本起經》佛為鬥諍比丘說長壽王及長生太子行慈不令殺人等事，比丘不改過，佛至阿那律處，讚其習無事行，並說修天眼法。⑵《天經》說修八行得光明生天。⑶《八念經》佛讚阿那律陀並為說道從不戲、樂不戲、行不戲得八大人念。⑷《淨不動道經》、⑸《郁伽支羅經》、⑹《娑鷄帝三族姓子經》、⑺《梵天請佛經》，佛為阿那律陀等說離欲法等。⑻《有勝天經》阿那律陀說大心、無量心義，以及光天、淨光、遍淨光天差別因果。⑼《迦絺那經》、⑽《念身經》、⑾《支離彌梨經》、⑿《長老上尊睡眠經》、⒀《無刺經》、⒁《真人經》、⒂《說處經》，阿那律陀說從信心出家、持戒、護根、棄蓋、得禪乃至證六通三明之迦絺那法等。

〈穢品第八〉：主述種種穢不善惡道之過失，收有十經。⑴《穢品經》舍梨子分別世人有穢無穢等法，又說盛糞盛食喻。⑵《求法經》述佛說比丘宜求法，莫求飲食，並說三可毀、三可稱法，又說中道斷欲貪等能得心住乃至涅槃。⑶《比丘請經》目犍連為比丘說成就戾語法者與成就善語法者得失不同，並說照鏡喻。⑷《知法經》、⑸《周那問見經》周那說知法與不知法者譬喻，及佛為周那說漸損法，乃至涅槃法等。⑹《青白蓮華喻經》說身、口滅法乃至慧見滅法，如蓮水生、水長而不著水。⑺《水淨梵志經》說二十一種穢汚於心者，必至地獄，反之必至善處。⑻《黑比丘經》、⑼《住法經》、⑽《無經》說可不可愛法、善不善法，乃至淨法盛衰如救頭然等。

〈因品第九〉：廣明一切修道因、解脫因緣等事，共有十經。⑴《大因經》廣明緣起甚深，又明七識住及二處，乃至八解脫法。⑵《念處經》三世諸佛皆斷五蓋、住四念處故，廣說四念處。⑶、⑷《苦陰經》分別欲味、欲過患並說出要得無上息等法。⑸《增上心經》說常念五相得增上心。⑹《念經》說分別諸念為欲恚害念及無欲恚害念二分。⑺《師子吼經》說無明為諸受本，無明盡則一切受斷，並明尊師、信法、信戒德具足、愛敬同道等法。⑻《優曇婆羅經》佛為說苦行、穢、不穢法，以及正解脫法。⑼《願經》因一比丘心願佛與慰勞、共語、說法等故，佛為廣說比丘所應十三願事。⑽《想經》說計地等四大是神，便不知地等四大；不計地等四大是神，便知地等四大。

《林品第十》：收有十經。⑴、⑵《林經》第一經以比丘住林能不能得正念、定心、解脫、漏盡，涅槃配合求取衣食等來源易難而組成四種林住，以取能得正念乃至涅槃、乞取衣食等便易作終身住修場所，並於第二經詳述沙門之義。⑶、⑷《自觀心經》說得不得止觀有四句，不得者方便令得，得者當求漏盡。⑸《達梵行經》說知漏等因乃至知道能盡一切苦。⑹《阿奴波經》佛記說提和達哆以放逸故必墮地獄，並為阿難說大人根智、善知六種人等事。⑺《諸法本經》說諸法以欲為本，涅槃為諸法訖等。⑻《優陀羅經》、⑼《蜜丸喻經》說三愛為癰本，六觸處為一切漏，並釋宗本法。⑽《瞿曇彌經》佛因阿難祈請許大愛道出家，並制比丘尼八敬法等。

第三念誦，有一品半，合有三十五經。

〈大品第十一〉：收有二十五經。⑴《柔軟經》佛自說在家為太子時，種種受用極其柔軟，但為老病死而出家。⑵《龍象經》說唯佛為龍象，以身口意不傷害衆生故為龍象。⑶《說處經》說過現未三說處，一心聞法者得正定，達心解脱等事。⑷《無常經》說觀五陰無常能得證果。⑸《請請經》佛自說我今受身是最後邊身，舍梨子因作頌讚等。⑹《瞻波經》述佛種種訶責犯戒之罪。⑺《沙門二十億經》二十億比丘精進而不證果，心生退悔，佛以彈琴喻精進令得證果。⑻《八難經》說學道八難八非時，唯有一不難一是時。⑼《貧窮經》以無善法財喻貧窮，以惡行喻舉貸，以覆藏喻長息等事。⑽《行欲經》說十種行欲人，分為非法三、法非法三，如法四。⑾《福田經》說二種福田，謂十八學人，九無學人。⑿《優婆塞經》說優婆塞善護持五戒、念佛法僧戒必能證果。⒀《怨家經》說瞋恚是怨家、妨人七事。⒁

《教曇彌經》、⒂《降魔經》佛為曇彌說樹神喻，令彼住沙門法，及說目連降伏魔事等。⒃《賴吒和羅經》述賴吒和羅信如來所說四事故出家。⒄《優婆離經》佛立意業最重及使優婆離捨尼乾子歸佛事。⒅《釋問經》說八正道護六根、捨除三法等事。⒆《善生經》佛教善生禮拜六方法，應知四善觀等法。⒇《商人求財經》為比丘說計根塵陰界是我者皆被見所害。㉑《世間經》明如來知苦、斷集、證滅、修道，自覺覺他，從成道到涅槃所說皆實。㉒《福經》說佛往昔七年行慈福報，勸人修福。㉓《息止道經》說初學比丘應常念不淨相，除欲恚病。㉔《至邊經》說欲盡苦應修沙門法；若不修沙門行，甘行乞食，如墨浣墨。㉕《喻經》說無量善法以不放逸為本，喻如地、如沈水等事。

〈梵志品第十二〉：有二十經，其中十經在第四誦中（品上十經）。(1)《雨勢經》佛為比丘說七不衰法與六慰勞法。(2)《傷歌邏經》佛為傷歌邏摩納梵志說如意足、占念、教訓等三示現令其皈依。(3)《算數目揵連經》佛為算數目揵連梵志說佛法中次第，並以問路之喻，明究竟不得究竟者。(4)《瞿默目揵連經》阿難為梵志瞿默目揵連說無一比丘能與世尊等，並說有十德可敬及三種解脫有無勝如。(5)《象跡喻經》佛為生聞梵志說從出家護根、除蓋到證無漏，方為極大象跡。(6)《聞德經》又為生聞梵志說博聞誦習差別功德，謂從捨家到證滅。(7)《何苦經》、(8)《何欲經》佛答生聞梵志所問在家苦樂事及饒益天人法等。⑼《郁瘦歌邏經》、⑽《阿攝惒經》佛以虛空、慈心、洗浴、取火等喻，四姓平等。

第四分別誦，有三品，合有三十六經。

〈梵志品第十二〉：（品下十經）。⑾《鸚鵡經》佛為鸚鵡梵志，分別在家出家事，又說五蓋及法從心起。⑿《鬚閑提經》佛為鬚閑提異學說離欲法喻，令出家證果。⒀《婆羅婆堂經》佛為婆私吒及婆羅婆二梵志說身之清淨穢垢不依神性，而是依其行，並說四姓來歷及業報平等。⒁《須達哆經》為須達哆居士說施心差別，非關粗妙之物。⒂《梵波羅延經》說今梵志已越梵志法，無復學者。⒃《黃蘆園經》佛說五欲無味無怖，證四禪三明故不入胎。⒄《頭那經》佛為頭那梵志說五種梵志法。⒅《阿伽羅訶那經》佛答阿伽羅訶梵志問說梵志經典依於人住，展轉乃至依於涅槃。⒆《阿蘭那經》比丘論人命極少，宜行善，佛讚之，為說佛昔日為阿蘭那梵志出家，說無常法利益無量等事。⒇《梵摩經》優多羅摩納觀佛三十二相好及威儀，發心出家，及梵摩梵志觀佛相好，信心皈依、證那含果。

〈根本分別品第十三〉：收有十經。⑴《分別六界經》、⑵《分別六處經》佛為比丘分別六界聚、六觸處、十八意行、四住處法、三十六刀等法。⑶《分別觀法經》佛略說分別觀法心散不散等，大迦旃延更為比丘廣演心散不散法義。⑷《溫泉林天經》、⑸《釋中禪室尊經》說佛莫念過去未來，常說跋地羅帝偈，迦旃延約根塵為比丘廣釋。⑹《阿難說經》阿難為比丘說跋地羅帝偈及其意義，得佛印可。⑺《意行經》佛為比丘說八定、八天處、二俱等以滅定為最勝。⑻《拘樓瘦無諍經》佛為比丘分別諍無諍法。⑼《鸚鵡經》佛為鸚鵡摩納分別業報差別法。⑽《分別大業經》分別三報受時差別及臨終善惡念不同。

〈心品第十四〉：收有十經。⑴《心經》說心將世間去、心染著、心起自在等，並明多聞義乃至廣慧義。⑵《浮彌經》佛為浮彌說四喻，以明邪正梵行、得果不得。⑶、⑷《受法經》說現樂後苦等現未苦樂四種料簡，而約苦樂心、修十善、行十惡論。⑸《行禪經》分別盛衰等四種行禪及八定。⑹《說經》分別八定中退住進及漏盡義，修者應知。(7)《獵師經》以四種鹿群，喻沙門梵志；三種不脫魔境，唯一能脫，謂修四禪等能脫魔境。(8)《五支物主經》說第一義質直沙門當知善戒念、不善戒念，及具足八正道。(9)《瞿曇彌經》佛為阿難說七施衆、十四私施皆得大福報，並明說施受淨不淨。(10)《多界經》說知界、處、因緣、是處非處為智慧；反之是愚癡，又說眼等十八界與六十二類界。

〈雙品第十五〉：此品分屬兩誦，成為兩品，故名〈雙品〉，收有十經（品上五經）。(1)、(2)《馬邑經》說沙門法須身、口、意三業清淨，斷除五蓋，成就禪定，乃至漏盡。(3)《牛角娑羅林經》上，樂如意道者大目揵連、樂頭陀行者大迦葉、論議者迦旃延、成就天眼者阿那律陀、習禪者離越哆、多聞者阿難等，隨用心自在與舍梨子問答，各說發起此林之法，佛皆讚之。(4)《牛角娑羅林經》下，阿那律陀等說修四禪四無量等為人上法，為諸天所讚嘆。(5)《求解經》說由見色聞聲求解於如來，正知如來法。

第五後誦，有三品半，合有三十五經。

〈雙品第十五〉：(品下五經)。(6)《說智經》說佛與梵行已立比丘問答知見五陰、四食、四說、內六處、六界等事。(7)《阿夷那經》為比丘說知法非法、義非義，令後學如法如義。(8)《聖道經》說正八聖道及正解脫、正智十支，約邪正修斷為四十善不善法品。(9)《小空經》從不念人想、村想、無事想，乃至不住無想定，說行真實空不顛倒。⑽《大空經》佛為阿難說遠離法，及說修內空、外空、內外空法、不移動法等。

〈後大品第十六〉：收有十經。⑴《加樓烏陀夷經》讚斷過中食，並訶謂此為小事者，如彼痴蠅。⑵《牟犁破羣那經》說出家應修無欲如調馬、治林，習慈悲喜捨，心如大地不可壞等。⑶《跋陀和利經》讚一坐食法，並說清淨馬喻法。⑷《阿濕貝經》責過中食。⑸《周那經》、⑹《優婆離經》、⑺《調御地經》，佛說修行不放逸、六諍本、七滅法等、七滅諍等如法不如法等，及說調野象之喻。⑻《癡慧地經》說癡與慧各三相及各受現法三苦樂報。⑼《阿梨吒經》說欲法障道，並明於法應知如筏喻，況執非法！⑽《嗏帝經》佛訶責帝比丘執識往生之邪見，為比丘詳說十二緣起法。

〈晡利多品第十七〉：收有十經。(1)《持齋經》為毘舍佉說放牛尼揵齋無福，應持八支齋，並修念佛等五念。(2)《晡利多經》佛為晡利多居士說離殺等八支斷俗事，離欲得禪、盡漏作證。(3)《羅摩經》為比丘說求無病安隱涅槃法為聖求，求病法等為非聖求。(4)《五下分結經》說依道依迹斷五下分結猶如入林求實。(5)《心穢經》說拔疑佛、疑法乃至疑梵行等五種心中穢，解身縛、欲縛乃至昇進縛等五種心中縛，是為比丘、比丘尼清淨法。(6)《箭毛經》上，佛為異學箭毛等說佛以無上戒、無上慈乃至宿命漏盡通等五法，令弟子恭敬不離。(7)《箭毛經》下，佛為異學等說天眼、宿命通事及說四禪道跡。(8)《鞞摩那修經》說但令質直無諂誑，隨佛教化，必得知正法(9)《法樂比丘尼經》，法樂比丘尼答毗舍佉所問死及滅盡定等法。(10)《大拘絺羅經》大拘絺羅答舍利弗所問善不善、善不善根等法。

〈例品第十八〉：收十一經。(1)《一切智經》佛為波斯匿王說四姓勝如義，成就五斷支事，於後世有差別。(2)《法莊嚴經》波斯匿王信佛種種法靖而稱述之。(3)《鞞訶提經》阿難說佛說法善，衆弟子趣向善，又佛行善身行，不為沙門梵志聰明智慧及餘世間之所憎惡。(4)《第一得經》佛說一切變易有異法，若弟子不欲變異法，惟應廣布八正道。(5)《愛生經》梵志兒死、愁憂不悟，佛為說生愛時便生愁苦梵志不悟。(6)《八城經》阿難為八城居士說十二門禪，居士受持並供養尊者。⑺《阿那律陀經》上，阿那律陀為比丘說得四禪及漏盡為賢死賢命終。⑻《阿那律陀經》下，說是質直、修念處、四無量、四空定，得漏盡，為不煩熱死。⑼《見經》、⑽《箭喻經》阿難說佛不一向說有常無常，又鬘童子欲說如來一向說世有常等為佛訶責。⑾《例經》佛說欲斷無明、別知無明乃至老死者，應修三十七菩提分、十一切處、十無學法。

總目錄

【總目錄】

中阿含經

東晉 罽賓三藏瞿曇僧伽提婆譯

【第一冊目錄】

初一日誦

七法品第一

業相應品第二

卷三

【第二冊目錄】

未曾有法品第四

王相應品第六(上)

卷十一

第二小土城誦

王相應品第六(下)

【第三冊目錄】

【第四冊目錄】

【第五冊目錄】

第三念誦

大品第十一

卷二十九

【第六冊目錄】

第四分別誦

梵志品第十二(下)

卷三十八

卷三十九

【第七冊目錄】

心品第十四

第五後誦

雙品第十五(下)

卷四十九

後大品第十六

卷五十

卷五十一

卷五十二

【第八冊目錄】

卷六十

(二二二)例經第十一 2530

後出中阿含經記 2553

隨身佛典

中阿含經

第一冊

卷一～卷六

東晉罽賓三藏瞿曇僧伽提婆　譯

◉目錄〔第一冊〕

業相應品第二

舍梨子相應品第三

中阿含經

東晉罽賓三藏瞿曇僧伽提婆 譯

中阿含經卷第一

東晉孝武及安帝世隆安元年十一月至二年六月了於東亭寺罽賓三藏瞿曇僧伽提婆譯道祖筆受

中阿含七法品第一（有十經）　初一日誦（有五品半合有六十四經）

善法、晝度樹，城、水、木積喻，善人往、世福，⊙七日、車、漏盡①。

(一)中阿含七法品善法經第一

我聞如是：一時，佛遊舍衛國，在勝林給孤獨園。

爾時世尊告諸比丘：「若有比丘成就七法者，便於賢聖得歡喜樂，正趣漏盡。云何為七？謂比丘知法、知義、知時、知節、知己、知衆、知人勝如。

「云何比丘為知法耶？謂比丘知正經、歌詠、記說、偈咃、因緣、撰錄、本起、此說、生處、廣解、未曾有法及說是義，是謂比丘為知法也。若有比丘不知法者，謂不知正經、歌詠、記說、偈咃、因緣、撰錄、本起、此說、生處、廣解、未曾有法及說義，如是比丘為不知法。若有比丘善知法者，謂知正經、歌詠、記說、偈咃、因緣、撰錄、本起、此說、生處、廣解、未曾有法及說義，是謂比丘善知法也。

「云何比丘為知義耶？謂比丘知彼彼說義是彼義、是此義，是謂比丘為知義也。若有比丘不知義者，謂不知彼彼說義是彼義、是此義，如是比丘為不知義。若有比丘善知義者，謂知彼彼說義是彼義、是此義，是謂比丘善知義也。

「云何比丘為知時耶？謂比丘知是時修下相，是時修高相，是時修捨相，是謂比丘為知時也。若有比丘不知時者，謂不知是時修下相，是時修高相，是時修捨相，如是比丘為不知時。若有比丘善知時者，謂知是時修下相，是時修高相，是時修捨相，是謂比丘善知時也。

「云何比丘為知節耶？謂比丘知節，若飲若食、若去若住、若坐若臥、若語若默、若大小便，捐除睡眠，修行正智，是謂比丘為知節也。若有比丘不知節者，謂不知若飲若食、若去若住、若坐若臥、若語若默、若大小便，捐除睡眠，修行正智，如是比丘為不知節。若有比丘善知節者，謂知若飲若食、若去若住、若坐若臥、若語若默、若大小便，捐除睡眠，修行正智，是謂比丘善知節也。

「云何比丘為知己耶？謂比丘自知我有爾所信、戒、聞、施、慧、辯、阿含及所得，是謂比丘為知己也。若有比丘不知己者，謂不自知我有爾所信、戒、聞、施、慧、辯、阿含及所得，如是比丘為不知己。若有比丘善知己者，謂自知我有爾所信、戒、聞、施、慧、辯、阿含及所得，是謂比丘善知己也。

「云何比丘為知衆耶？謂比丘知此剎利衆、此梵志衆、此居士衆、此沙門衆，我於彼衆應如是去、如是住、如是坐、如是語、如是默，是謂比丘為知衆也。若有比丘不知衆者，謂不知此剎利衆、此梵志衆、此居士衆、此沙門衆，我於彼衆應如是去、如是住、如是坐、如是語、如是默，如是比丘為不知衆。若有比丘善知衆者，謂知此剎利衆、此梵志衆、此居士衆、此沙門衆，我於彼衆應如是去、如是住、如是坐、如是語、如是默，是謂比丘善知衆也。

「云何比丘知人勝如？謂比丘知有二種人：有信，有不信。若信者勝，不信者為不如也。謂信人復有二種：有數往見比丘，有不數往見比丘。若數往見比丘者勝，不數往見比丘者為不如也。謂數往見比丘人復有二種：有禮敬比丘，有不禮敬比丘。若禮敬比丘者勝，不禮敬比丘者為不如也。謂禮敬比丘人復有二種：有問經，有不問經。若問經者勝，不問經者為不如也。謂問經人復有二種：有一心聽經，有不一心聽經。若一心聽經者勝，不一心聽經者為不如也。謂一心聽經人復有二種：有聞持法，有聞不持法。若聞持法者勝，聞不持法者為不如也。謂聞持法人復有二種：有聞法觀義，有聞法不觀義。若聞法觀義者勝，聞法不觀義者為不如也。謂聞法觀義人復有二種：有知法、知義、向法次法、隨順於法、如法行之，有不知法、不知義、不向法次法、不隨順法、不如法行。若知法、知義、向法次法、隨順於法、如法行者勝，不知法、不知義、不向法次法、不隨順法、不如法行者為不如也。

「調知法、知義、向法次法、隨順於法、如法行人復有二種：有自饒益，亦饒益他，饒益多人，愍傷世間，為天、為人求義及饒益，求安隱快樂；有不自饒益，亦不饒益他，不饒益多人，不愍傷世間，不為天、不為人求義及饒益，求安隱快樂。若自饒益，亦饒益他，饒益多人，愍傷世間，為天、為人求義及饒益，求安隱快樂者，此人於彼人中為極第一，為大、為上、為最、為勝、為尊、為妙。譬如因牛有乳，因乳有酪，因酪有生酥，因生酥有熟酥，因熟酥有酥精。酥精者，於彼中為極第一，為大、為上、為最、為勝、為尊、為妙。如是若人自饒益，亦饒益他，饒益多人，愍傷世間，為天、為人求義及饒益，求安隱快樂，此二人如上所說，如上分別，如上施設，此為第一，為大、為上、為最、為勝、為尊、為妙，是謂比丘知人勝如。」

佛說如是，彼諸比丘聞佛所說，歡喜奉行。

善法經第一竟一千四百二十三字

(二) 中阿含七法品晝度樹經第二初一日誦

我聞如是：一時，佛遊舍衛國，在勝林給孤獨園。

爾時世尊告諸比丘：「若三十三天晝度樹葉萎黃，是時三十三天悅樂歡喜，晝度樹葉不久當落。復次，三十三天晝度樹葉已落，是時三十三天悅樂歡喜，晝度樹葉不久當還生。復次，三十三天晝度樹葉已還生，是時三十三天悅樂歡喜，晝度樹不久當生網。復次，三十三天晝度樹已生網，是時三十三天悅樂歡喜，晝度樹不久當生如鳥喙。復次，三十三天晝度樹已生如鳥喙，是時三十三天悅樂歡喜，晝度樹不久當開如鉢。復次，三十三天晝度樹已開如鉢，是時三十三天悅樂歡喜，晝度樹不久當盡敷開。若晝度樹已盡敷開，光所照，色所映，香所熏，周百由延，是時三十三天於中夏四月，以天五欲功德具足而自娛樂，是謂三十三天於晝度樹下集會娛樂也。

「如是義，聖弟子亦復爾。思念出家，是時聖弟子名為葉黃，猶三十三天晝度樹葉萎黃也。復次，聖弟子剃除鬚髮，著袈裟衣，至信、捨家、無家、學道，是時聖弟子名為葉落，猶三十三天晝度樹葉落也。復次，聖弟子離欲、離惡不善之法，有覺有觀，離生喜樂，得初禪成就遊，是時聖弟子名葉還生，猶三十三天晝度樹葉還生也。復次，聖弟子覺觀已息，內靜一心，無覺無觀，定生喜樂，得第二禪成就遊，是時聖弟子名為生網，猶三十三天晝度樹生網也。復次，聖弟子離於喜欲，捨無求遊，正念正智而身覺樂，謂聖所說、聖所捨，念樂住空，得第三禪成就遊，是時聖弟子名生如鳥喙，猶三十三天晝度樹如鳥喙也。復次，聖弟子樂滅苦滅，喜憂本已滅，不苦不樂，捨念清淨，得第四禪成就遊，是時聖弟子名生如鉢，猶三十三天晝度樹如鉢也。復次，聖弟子諸漏已盡，心解脫，慧解脫，於現法中自知自覺，自作證成就遊：生已盡，梵行已立，所作已辦，不更受有，知如真。是時聖弟子名盡敷開，猶三十三天晝度樹盡敷開也。彼為漏盡阿羅訶比丘，三十三天集在善法正殿咨嗟稱歎：某尊弟子於某村邑剃除鬚髮，著袈裟衣，至信捨家，無家學道，諸漏已盡，心解脫，慧解脫，於現法中自知自覺，自作證成就遊：生已盡，梵行已立，所作已辦，不更受有，知如真。是謂漏盡阿羅訶共集會也，如三十三天晝度樹下共集會也。」

佛說如是，彼諸比丘聞佛所說，歡喜奉行。

晝度樹經第二竟七百五十二字

（三）中阿含七法品城喻經第三初一日誦

我聞如是：一時，佛遊舍衛國，在勝林給孤獨園。

爾時世尊告諸比丘：「如王邊城七事具足，四食豐饒，易不難得，是故王城不為外敵破，唯除內自壞。

「云何王城七事具足？謂王邊城造立樓櫓，築地使堅，不可毀壞，為內安隱，制外怨敵，是謂王城一事具足。復次，如王邊城掘鑿池塹，極使深廣，修備可依，為內安隱，制外怨敵，是謂王城二事具足。復次，如王邊城周匝通道，開除平博，為內安隱，制外怨敵，是謂王城三事具足。復次，如王邊城集四種軍力，象軍、馬軍、車軍、步軍，為內安隱，制外怨敵，是謂王城四事具足。復次，如王邊城豫備軍器，弓、矢、鉾、戟，為內安隱，制外怨敵，是謂王城五事具足。復次，如王邊城立守門大將，明略智辯，勇毅奇謀，善則聽入，不善則禁，為內安隱，制外怨敵，是謂王城六事具足。復次，如王邊城築立高墻，令極牢固，泥塗堊灑，為內安隱，制外怨敵，是謂王城七事具足也。

「云何王城四食豐饒，易不難得？謂王邊城水草、樵木，資有豫備，為內安隱，制外怨敵，是謂王城一食豐饒，易不難得。復次，如王邊城多收稻穀及儲畜麥，為內安隱，制外怨敵，是謂王城二食豐饒，易不難得。復次，如王邊城多積秥豆及大小豆，為內安隱，制外怨敵，是謂王城三食豐饒，易不難得。復次，如王邊城畜酥油、蜜及甘蔗、餹、魚、鹽、脯肉，一切具足，為內安隱，制外怨敵，是謂王城四食豐饒，易不難得。如是王城七事具足，四食豐饒，易不難得，不為外敵破，唯除內自壞。

「如是若聖弟子亦得七善法，逮四增上心，易不難得，是故聖弟子不為魔王之所得便，亦不隨惡不善之法，不為染污所染，不復更受生也。

「云何聖弟子得七善法？謂聖弟子得堅固信，深著如來信根已立，終不隨外沙門、梵志，若天、魔、梵及餘世間，是謂聖弟子得一善法。復次，聖弟子常行慚耻，可慚知慚，惡不善法穢汙煩惱，受諸惡報造生死本，是謂聖弟子得二善法。復次，聖弟子常行羞愧，可愧知愧，惡不善法穢汙煩惱，受諸惡報造生死本，是謂聖弟子得三善法。復次，聖弟子常行精進，斷惡不善，修諸善法，恒自起意專一堅固，為諸善本不捨方便，是謂聖弟子得四善法。復次，聖弟子廣學多聞，守持不忘，積聚博聞。所謂法者，初善，中善，竟亦善，有義有文，具足清淨，顯現梵行。如是諸法廣學多聞，翫習至千，意所惟觀，明見深達，是謂聖弟子得五善法。復次，聖弟子常行於念，成就正念，久所曾習，久所曾聞，恒憶不忘，是謂聖弟子得六善法。復次，聖弟子修行智慧，觀興衰法，得如此智，聖慧明達，分別曉了，以正盡苦，是謂聖弟子得七善法也。

「云何聖弟子逮四增上心，易不難得？謂聖弟子離欲，離惡不善之法，有覺有觀，離生喜樂，逮初禪成就遊，是謂聖弟子逮初增上心，易不難得。復次，聖弟子覺觀已息，內靜一心，無覺無觀，定生喜樂，逮第二禪成就遊，是謂聖弟子逮第二增上心，易不難得。復次，聖弟子離於喜欲，捨無求遊，正念正智而身覺樂，謂聖所說、聖所捨，念樂住空，逮第三禪成就遊，是謂聖弟子逮第三增上心，易不難得。復次，聖弟子樂滅苦滅，喜憂本已滅，不苦不樂，捨念清淨，逮第四禪成就遊，是謂聖弟子逮第四增上心，易不難得。

「如是聖弟子得七善法，逮四增上心，易不難得，不為魔王之所得便，亦不隨惡不善之法，不為染污所染，不復更受生。

「如王邊城造立樓櫓，築地使堅，不可毀壞，為內安隱，制外怨敵。如是聖弟子得堅固信，深著如來，信根已立，終不隨外沙門、梵志，若天、魔、梵及餘世間，是謂聖弟子得信樓櫓，除惡不善，修諸善法也。

「如王邊城掘鑿池塹，極使深廣，修備可依，為內安隱，制外怨敵。如是聖弟子常行慚恥，可慚知慚，惡不善法穢汙煩惱，受諸惡報，造生死本，是謂聖弟子得慚池塹，除惡不善，修諸善法也。

「如王邊城周匝通道，開除平博，為內安隱，制外怨敵。如是聖弟子常行羞愧，可愧知愧，惡不善法穢汙煩惱，受諸惡報造生死本，是謂聖弟子得愧平道，除惡不善，修諸善法也。

「如王邊城集四種軍力，象軍、馬軍、車軍、步軍，為內安隱，制外怨敵。如是聖弟子常行精進，斷惡不善，修諸善法，恒自起意專一堅固，為諸善本不捨方便，是謂聖弟子得精進軍力，除惡不善，修諸善法也。

「如王邊城豫備軍器，弓、矢、鉾、戟，為內安隱，制外怨敵。如是聖弟子廣學多聞，守持不忘，積聚博聞。所謂法者，初善，中善，竟亦善，有義有文，具足清淨，顯現梵行。如是諸法廣學多聞，翫習至千，意所惟觀，明見深達，是謂聖弟子得多聞軍器，除惡不善，修諸善法也。

「如王邊城立守門大將，明略智辯，勇毅奇謀，善則聽入，不善則禁，為內安隱，制外怨敵。如是聖弟子常行於念，成就正念，久所曾習，久所曾聞，恒憶不忘，是謂聖弟子得念守門大將，除惡不善，修諸善法也。

「如王邊城築立高牆，令極牢固，泥塗堊灑，為內安隱，制外怨敵。如是聖弟子修行智慧，觀興衰法，得如此智，聖慧明達，分別曉了，以正盡苦，是謂聖弟子得智慧牆，除惡不善，修諸善法也。

「如王邊城水草樵木，資有豫備，為內安隱，制外怨敵。如是聖弟子離欲，離惡不善之法，有覺有觀，離生喜樂，逮初禪成就遊，樂住無乏，安隱快樂，自致涅槃也。

「如王邊城多收稻穀及儲畜麥，為內安隱，制外怨敵。如是聖弟子覺觀已息，內靜一心，無覺無觀，定生喜樂，逮第二禪成就遊，樂住無乏，安隱快樂，自致涅槃也。

「如王邊城多積秥豆及大小豆，為內安隱，制外怨敵。如是聖弟子離於喜欲，捨無求遊，正念正智而身覺樂，謂聖所說、聖所捨，念樂住空，逮第三禪成就遊，樂住無乏，安隱快樂，自致涅槃也。

「如王邊城畜酥油、蜜及甘蔗、餹、魚、鹽、脯肉，一切充足，為內安隱，制外怨敵。如是聖弟子樂滅苦滅，喜憂本已滅，不苦不樂，捨念清淨，逮第四禪成就遊，樂住無乏，安隱快樂，自致涅槃。」

佛說如是，彼諸比丘聞佛所說，歡喜奉行。

城喻經第三竟一千九百二字

（四）中阿含七法品水喻經第四 初一日誦

我聞如是：一時，佛遊舍衛國，在勝林給孤獨園。

爾時世尊告諸比丘：「我當為汝說七水人，諦聽！諦聽！善思念之。」

時諸比丘受教而聽，佛言：「云何為七？或有一人常臥水中。或復有人出水還沒。或復有人出水而住。或復有人出水而住，住已而觀。或復有人出水而住，住已而觀，觀已而渡。或復有人出水而住，住已而觀，觀已而渡，渡已至彼岸。或復有人出水而住，住已而觀，觀已而渡，渡已至彼岸，至彼岸已，謂住岸人。如是，我當復為汝說七水喻人，諦聽！諦聽！善思念之。」

時諸比丘受教而聽，佛言：「云何為七？或有人常臥。或復有人出已還沒。或復有人出已而住。或復有人出已而住，住已而觀。或復有人出已而住，住已而觀，觀已而渡。或復有人出已而住，住已而觀，觀已而渡，渡已至彼岸。或復有人出已而住，住已而觀，觀已而渡，渡已至彼岸，至彼岸已，謂住岸梵志。此七水喻人，我略說也。如上說，如上施設，汝知何義？何所分別？有何因緣？」

時諸比丘白世尊曰：「世尊為法本，世尊為法主，法由世尊，唯願說之！我等聞已，得廣知義。」

佛便告曰：「汝等諦聽！善思念之，我當為汝分別其義。」

時諸比丘受教而聽，佛言：「云何有人常臥？謂或有人為不善法之所覆蓋，染汙所染，受惡法報，造生死本，是謂有人常臥。猶人沒溺臥于水中，我說彼人亦復如是，是謂初水喻人，世間諦如有也。

「云何有人出已還沒？謂人既出，得信善法，持戒、布施、多聞、智慧，修習善法，彼於後時失信不固，失持戒、布施、多聞、智慧而不堅固，是謂有人出已還沒。猶人溺水，既出還沒，我說彼人亦復如是，是謂第二水喻人，世間諦如有也。

「云何有人出已而住？謂人既出，得信善法，持戒、布施、多聞、智慧，修習善法，彼於後時信固不失，持戒、布施、多聞、智慧堅固不失，是謂有人出已而住。猶人溺水，出已而住，我說彼人亦復如是，是謂第三水喻人，世間諦如有也。

「云何有人出已而住，住已而觀？謂人既出，得信善法，持戒、布施、多聞、智慧，修習善法，彼於後時信固不失，持戒、布施、多聞、智慧堅固不失，住善法中，知苦如真，知苦習、知苦滅、知苦滅道如真。彼如是知，如是見，三結便盡，謂身見、戒取、疑。三結已盡，得須陀洹，不墮惡法，定趣正覺，極受七有，天上、人間七往來已，便得苦際，是謂有人出已而住，住已而觀。猶人溺水，出已而住，住已而觀，我說彼人亦復如是，是謂第四水喻人，世間諦如有也。

「云何有人出已而住，住已而觀，觀已而渡？謂人既出，得信善法，持戒、布施、多聞、智慧，修習善法，彼於後時信固不失，持戒、布施、多聞、智慧堅固不失，住善法中，知苦如真，知苦習、知苦滅、知苦滅道如真。如是知，如是見，三結便盡，謂身見、戒取、疑。三結已盡，婬、怒、癡薄，得一往來，天上、人間一往來已，便得苦際，是謂有人出已而住，住已而觀，觀已而渡。猶人溺水，出已而住，住已而觀，觀已而渡，我說彼人亦復如是，是謂第五水喻人，世間諦如有也。

「云何有人出已而住，住已而觀，觀已而渡，渡已至彼岸？謂人既出，得信善法，持戒、布施、多聞、智慧，修習善法，彼於後時信固不失，持戒、布施、多聞、智慧堅固不失，住善法中，知苦如真，知苦習、知苦滅、知苦滅道如真。如是知，如是見，五下分結盡，謂貪欲、瞋恚、身見、戒取、疑。五下分結盡已，生於彼間便般涅槃，得不退法，不還此世，是謂有人出已而住，住已而觀，觀已而渡，渡已至彼岸。猶人溺水，出已而住，住已而觀，觀已而渡，渡已至彼岸，我說彼人亦復如是，是謂第六水喻人，世間諦如有也。

「云何有人出已而住，住已而觀，觀已而渡，渡已至彼岸，至彼岸已，謂住岸梵志？謂人既出，得信善法，持戒、布施、多聞、智慧，修習善法，彼於後時信固不失，持戒、布施、多聞、智慧堅固不失，住善法中，知苦如真，知苦習、知苦滅、知苦滅道如真。如是知，如是見，欲漏心解脫，有漏、無明漏心解脫。解脫已，便知解脫：生已盡，梵行已立，所作已辦，不更受有，知如真。是謂有人出已而住，住已而觀，觀已而渡，渡已至彼岸，至彼岸已，謂住岸梵志。猶人溺水，出已而住，住已而觀，觀已而渡，渡已至彼岸，至彼岸已，謂住岸人，我說彼人亦復如是，是謂第七水喻人，世間諦如有也。我向所言，當為汝說七水人者，因此故說。」

佛說如是，彼諸比丘聞佛所說，歡喜奉行。

水喻經第四竟千三百八十八字

（五）中阿含七法品木積喻經第五初一日誦

我聞如是：一時，佛遊拘薩羅在人間，與大比丘衆翼從而行。

爾時世尊則於中路，忽見一處有大木積，洞燃俱熾。世尊見已，便下道側，更就餘樹敷尼師檀結*跏趺坐。世尊坐已，告諸比丘：「汝等見彼有大木積洞燃俱熾耶？」

時諸比丘答曰：「見也，世尊！」

世尊復告諸比丘曰：「於汝意云何？謂大木積洞燃俱熾，若抱、若坐、若臥；謂剎利女，梵志、居士、工師女，年在盛時，沐浴香薰，著明淨衣，華鬘、瓔珞嚴飾其身，若抱、若坐、若臥，何者為樂？」

時諸比丘白曰：「世尊！謂大木積洞燃俱熾，若抱、若坐、若臥，甚苦！世尊！謂剎利女，梵志、居士、工師女，年在盛時，沐浴香薰，著明淨衣，華鬘瓔珞嚴飾其身，若抱、若坐、若臥，甚樂！世尊！」

世尊告曰：「我為汝說，不令汝等學沙門失沙門道。汝欲成無上梵行者，寧抱木積洞燃俱熾，若坐、若臥，彼雖因此受苦或死，然不以是身壞命終，趣至惡處，生地獄中。若愚癡人犯戒不精進，生惡不善法，非梵行稱梵行，非沙門稱沙門，若抱剎利女，梵志、居士、工師女，年在盛時，沐浴香薰，著明淨衣，華鬘瓔珞嚴飾其身，若坐、若臥者，彼愚癡人因是長夜不善不義，受惡法報，身壞命終，趣至惡處，生地獄中。是故汝等當觀自義，觀彼義，觀兩義，當作是念：我出家學，不虛不空，有果有報，有極安樂，生諸善處而得長壽，受人信施衣被、飲食、床褥、湯藥，令諸施主得大福祐，得大果報，得大光明者，當作是學。」

世尊復告諸比丘曰：「於意云何？若有力士以緊索毛繩絞勒其*腨

斷皮，斷皮已斷肉，斷肉已斷筋，斷筋已斷骨，斷骨已至髓而住；若從剎利、梵志、居士、工師受其信施，按摩身體、支節手足，何者為樂？」

時諸比丘白曰：「世尊！若有力士以緊索毛繩絞勒其*膞斷皮，斷皮已斷肉，斷肉已斷筋，斷筋已斷骨，斷骨已至髓而住，甚苦！世尊！若從剎利、梵志、居士、工師受其信施，按摩身體、支節手足，甚樂！世尊！」

世尊告曰：「我為汝說，不令汝等學沙門失沙門道。汝欲成無上梵行者，寧令力士以緊索毛繩絞勒其*膞斷皮，斷皮已斷肉，斷肉已斷筋，斷筋已斷骨，斷骨已至髓而住，彼雖因此受苦或死，然不以是身壞命終，趣至惡處，生地獄中。若愚癡人犯戒不精進，生惡不善法，非梵行稱梵行，非沙門稱沙門，從剎利、梵志、居士、工師，受其信施，按摩身體、支節手足；彼愚癡人因是長夜不善不義，受惡法報，身壞命終，趣至惡處，生地獄中。是故汝等當觀自義，觀彼義，觀兩義，當作是念：我出家學，不虛不空，有果有報，有極安樂，生諸善處而得長壽，受人信施衣被、飲食、床褥、湯藥，令諸施主得大福祐，得大果報，得大光明者，當作是學。」

世尊復告諸比丘曰：「於意云何？若有力士以瑩磨利刀截斷其髀；若從剎利、梵志、居士、工師，受信施禮拜，恭敬將迎，何者為樂？」

時諸比丘白曰：「世尊！若有力士以瑩磨利刀截斷其髀，甚苦！

世尊！若從剎利、梵志、居士、工師，受信施禮拜，恭敬將迎，甚樂！世尊！世尊！」

世尊告曰：「我為汝說，不令汝等學沙門失沙門道。汝欲成無上梵行者，寧令力士以瑩磨利刀截斷其髀，彼雖因此受苦或死，然不以是身壞命終，趣至惡處，生地獄中。若愚癡人犯戒不精進，生惡不善法，非梵行稱梵行，非沙門稱沙門，從剎利、梵志、居士、工師，受信施禮拜，恭敬將迎；彼愚癡人因是長夜不善不義，受惡法報，身壞命終，趣至惡處，生地獄中。是故汝等當觀自義，觀彼義，觀兩義，當作是念：我出家學，不虛不空，有果有報，有極安樂，生諸善處而得長壽，受人信施衣被、飲食、床褥、湯藥，令諸施主得大福祐，得大果報，得大光明者，當作是學。」

世尊復告諸比丘曰：「於意云何？若有力士以鐵銅鍱洞燃俱熾，纏絡其身；若從剎利、梵志、居士、工師，受信施衣服，何者為樂？」

時諸比丘白曰：「世尊！若有力士以鐵銅鍱洞燃俱熾，纏絡其身，甚苦！世尊！若從剎利、梵志、居士、工師受信施衣服，甚樂！世尊！」

世尊告曰：「我為汝說，不令汝等學沙門失沙門道。汝欲成無上梵行者，寧令力士以鐵銅鍱洞燃俱熾，纏絡其身，彼雖因此受苦或死，然不以是身壞命終，趣至惡處，生地獄中。若愚癡人犯戒不精進，生惡不善法，非梵行稱梵行，非沙門稱沙門，從剎利、梵志、居士、工師，受信施衣服；彼愚癡人因是長夜不善不義，受惡法報，身壞命終，趣至惡處，生地獄中。是故汝等當觀自義，觀彼義，觀兩義，當作是念：我出家學，不虛不空，有果有報，有極安樂，生諸善處而得長壽，受人信施衣被、飲食、床褥、湯藥，令諸施主得大福祐，得大果報，得大光明者，當作是學。」

世尊復告諸比丘曰：「於意云何？若有力士以熱鐵鉗鉗開其口，便以鐵丸洞燃俱熾著其口中，彼熱鐵丸燒脣，燒脣已燒舌，燒舌已燒斷，燒斷已燒咽，燒咽已燒心，燒心已燒腸胃，燒腸胃已下過；若從剎利、梵志、居士、工師，受信施食，無量衆味，何者為樂？」

時諸比丘白曰：「世尊！若有力士以熱鐵鉗鉗開其口，便以鐵丸洞燃俱熾著其口中，彼熱鐵丸燒脣，燒脣已燒舌，燒舌已燒斷，燒斷已燒咽，燒咽已燒心，燒心已燒腸胃，燒腸胃已下過，甚苦！世尊！若從剎利、梵志、居士、工師，受信施食，無量衆味，甚樂！世尊！」

世尊告曰：「我為汝說，不令汝等學沙門失沙門道。汝欲成無上梵行者，寧令力士以熱鐵鉗鉗開其口，便以鐵丸洞燃俱熾著其口中，彼熱鐵丸燒脣，燒脣已燒舌，燒舌已燒斷，燒斷已燒咽，燒咽已燒心，燒心已燒腸胃，燒腸胃已下過，彼雖因此受苦或死，然不以是身壞命終，趣至惡處，生地獄中。若愚癡人犯戒不精進，生惡不善法，非梵行稱梵行，非沙門稱沙門，從剎利、梵志、居士、工師，受信施食，無量衆味，彼愚癡人因是長夜不善不義，受惡法報，身壞命終，趣至惡處，生地獄中。是故汝等當觀自義，觀彼義，觀兩義，當作是念：我出家學，不虛不空，有果有報，有極安樂，生諸善處而得長壽，受人信施衣被、飲食、床褥、湯藥，令諸施主得大福祐，得大果報，得大光明者，當作是學。」

世尊復告諸比丘曰：「於意云何？若有力士以鐵銅床洞燃俱熾，強逼使人坐臥其上；若從刹利、梵志、居士、工師，受其信施床榻臥具，何者為樂？」

時諸比丘白曰：「世尊！若有力士以鐵銅床洞燃俱熾，強逼使人坐臥其上，甚苦！世尊！若從刹利、梵志、居士、工師，受其信施床榻臥具，甚樂！世尊！」

世尊告曰：「我為汝說，不令汝等學沙門失沙門道。汝欲成無上梵行者，寧令力士以鐵銅床洞燃俱熾，強逼使人，坐臥其上，彼雖因此受苦或死，然不以是身壞命終，趣至惡處，生地獄中。若愚癡人犯戒不精進，生惡不善法，非梵行稱梵行，非沙門稱沙門，從刹利、梵志、居士、工師，受其信施床褥臥具；彼愚癡人因是長夜不善不義，受惡法報，身壞命終，趣至惡處，生地獄中。是故汝等當觀自義，觀彼義，觀兩義，當作是念：我出家學，不虛不空，有果有報，有極安樂，生諸善處而得長壽，受人信施衣被、飲食、床褥、湯藥，令諸施主得大福祐，得大果報，得大光明者，當作是學。」

世尊復告諸比丘曰：「於意云何？若有力士以大鐵銅釜洞燃俱熾

，攝學人已倒著釜中；若從剎利、梵志、居士、工師，受信施房舍，泥治堊灑，窻戶牢密，爐火熅暖，何者為樂？」

時諸比丘白曰：「世尊！若有力士以大鐵銅釜洞燃俱熾，攝學人已，倒著釜中，甚苦！世尊！若從剎利、梵志、居士、工師，受信施房舍，泥治堊灑，窻戶牢密，爐火熅暖，甚樂！世尊！」

世尊告曰：「我為汝說，不令汝等學沙門失沙門道。汝欲成無上梵行者，寧令力士以大鐵銅釜洞燃俱熾，攝學人已倒著釜中，彼雖因此受苦或死，然不以是身壞命終，趣至惡處，生地獄中。若愚癡人犯戒不精進，生惡不善法，非梵行稱梵行，非沙門稱沙門，從剎利、梵志、居士、工師，受信施房舍，泥治堊灑，窻戶牢密，爐火熅暖；彼愚癡人因是長夜不善不義，受惡法報，身壞命終，趣至惡處，生地獄中。是故汝等當觀自義，觀彼義，觀兩義，當作是念：我出家學，不虛不空，有果有報，有極安樂，生諸善處而得長壽，受人信施衣被、飲食、床褥、湯藥，令諸施主得大福祐，得大果報，得大光明者，當作是學。」

說此法時，六十比丘漏盡結解，六十比丘捨戒還家。所以者何？世尊教誡甚深甚難，學道亦復甚深甚難。

佛說如是，彼諸比丘聞佛所說，歡喜奉行。

木積喻經第五竟二千六百四十四字

中阿含經卷第一八千一百九字　**初一日誦**

中阿含經卷第二

東晉罽賓三藏瞿曇僧伽提婆譯

（六）七法品善人往經第六初一日誦

我聞如是：一時，佛遊舍衞國，在勝林給孤獨園。

爾時世尊告諸比丘：「我當為汝說七善人所往至處及無餘涅槃，諦聽！諦聽！善思念之。」

時諸比丘受教而聽，佛言：「云何為七？比丘行當如是：我者無我，亦無我所；當來無我，亦無我所。已有便斷，已斷得捨，有樂不染，合會不著。如是行者，無上息迹慧之所見，然未得證。比丘行如是，往至何所？譬如燒䴸，纔燃便滅。當知比丘亦復如是，少慢未盡，五下分結已斷，得中般涅槃，是謂第一善人所往至處，世間諦如有。

「復次，比丘行當如是：我者無我，亦無我所；當來無我，亦無我所。已有便斷，已斷得捨，有樂不染，合會不著。行如是者，無上息迹慧之所見，然未得證。比丘行如是，往至何所？譬若如鐵洞燃俱熾，以椎打之迸火飛空，上已即滅。當知比丘亦復如是，少慢未盡，五下分結已斷，得中般涅槃，是謂第二善人所往至處，世間諦如有。

「復次，比丘行當如是：我者無我，亦無我所；當來無我，亦無我所。已有便斷，已斷得捨，有樂不染，合會不著。行如是者，無上息迹慧之所見，然未得證。比丘行如是，往至何所？譬若如鐵洞燃俱熾，以椎打之迸火飛空，從上來還，未至地滅。當知比丘亦復如是，少慢未盡，五下分結已斷，得中般涅槃，是謂第三善人所往至處，世間諦如有。

「復次，比丘行當如是：我者無我，亦無我所；當來無我，亦無我所。已有便斷，已斷得捨，有樂不染，合會不著。行如是者，無上息迹慧之所見，然未得證。比丘行如是，往至何所？譬若如鐵洞然俱熾，以椎打之迸火飛空，墮地而滅。當知比丘亦復如是，少慢未盡，五下分結已斷，得生般涅槃，是謂第四善人所往至處，世間諦如有。

「復次，比丘行當如是：我者無我，亦無我所，當來無我，亦無我所。已有便斷，已斷得捨，有樂不染，合會不著。行如是者，無上息迹慧之所見，然未得證。比丘行如是，往至何所？譬若如鐵洞燃俱熾，以椎打之迸火飛空，墮少薪草上，若烟若燃，燃已便滅。當知比丘亦復如是，少慢未盡，五下分結已斷，得行般涅槃，是謂第五善人所往至處，世間諦如有。

「復次，比丘行當如是：我者無我，亦無我所，當來無我，亦無我所。已有便斷，已斷得捨，有樂不染，合會不著。行如是者，無上息迹慧之所見，然未得證。比丘行如是，往至何所？譬若如鐵洞燃俱熾，以椎打之迸火飛空，墮多薪草上，若烟若燃，燃盡已滅。當知比丘亦復如是，少慢未盡，五下分結已斷，得無行般涅槃，是謂第六善人所往至處，世間諦如有。

「復次，比丘行當如是：我者無我，亦無我所；當來無我，亦無我所。已有便斷，已斷得捨，有樂不染，合會不著。行如是者，無上息迹慧之所見，然未得證。比丘行如是，往至何所？譬若如鐵洞燃俱熾，以椎打之迸火飛空，墮多薪草上，若烟若燃，燃已便燒村邑、城郭、山林、曠野，燒村邑、城郭、山林、曠野已，或至道、至水、至平地滅。當知比丘亦復如是，少慢未盡，五下分結已斷，得上流阿迦膩吒般涅槃，是謂第七善人所往至處，世間諦如有。

「云何無餘涅槃？比丘行當如是：我者無我，亦無我所；當來無我，亦無我所。已有便斷，已斷得捨，有樂不染，合會不著。行如是者，無上息迹慧之所見，而已得證。我說彼比丘不至東方，不至西方、南方、北方、四維上下，便於現法中息迹滅度。我向所說，七善人所往至處及無餘涅槃者，因此故說。」

佛說如是，彼諸比丘聞佛所說，歡喜奉行。

善人往經第六竟千一百三字

（七）中阿含七法品世間福經第七初一日誦

我聞如是：一時，佛遊拘舍彌，在瞿沙羅園。

爾時尊者摩訶周那，則於晡時從宴坐起，往詣佛所，到已作禮却坐一面，白曰：「世尊！可得施設世間福耶？」

世尊告曰：「可得，周那！有七世間福，得大福祐，得大果報，得大名譽，得大功德。云何為七？周那！有信族姓男、族姓女，施比丘衆房舍、堂閣。周那！是謂第一世間之福，得大福祐，得大果報，得大名譽，得大功德。

「復次，周那！有信族姓男、族姓女，於房舍中施與床座、氍氀𣰆𣯷、氈褥臥具。周那！是謂第二世間之福，得大福祐，得大果報，得大名譽，得大功德。

「復次，周那！有信族姓男、族姓女，於房舍中施與一切新淨妙衣。周那！是謂第三世間之福，得大福祐，得大果報，得大名譽，得大功德。

「復次，周那！有信族姓男、族姓女，於房舍中常施於衆朝粥、中食，又以園民供給使令，若風雨寒雪，躬往園所增施供養。諸比丘衆食已，不患風雨寒雪，*沾漬衣服，晝夜安樂禪寂思惟。周那！是謂第七世間之福，得大福祐，得大果報，得大名譽，得大功德。

「周那！信族姓男、族姓女，已得此七世間福者，若去若來，若立若坐，若眠若覺，若晝若夜，其福常生轉增轉廣。周那！譬如恒伽水，從源流出，入于大海，於其中間轉深轉廣。周那！如是信族姓男、族姓女，已得此七世間福者，若去若來，若立若坐，若眠若覺，若晝若夜，其福常生轉增轉廣。」

於是尊者摩訶周那即從*座起，偏袒右肩，右膝著地，長跪叉手白曰：「世尊！可得施設出世間福耶？」

世尊告曰：「可得，周那！更有七福出於世間，得大福祐，得大果報，得大名譽，得大功德。云何為七？周那！有信族姓男、族姓女，聞如來如來弟子遊於某處，聞已歡喜，極懷踊躍。周那！是謂第一出世間福，得大福祐，得大果報，得大名譽，得大功德。

「復次，周那！有信族姓男、族姓女，聞如來如來弟子欲從彼至此，聞已歡喜極懷踊躍。周那！是謂第二出世間福，得大福祐，得大果報，得大名譽，得大功德。

「復次，周那！有信族姓男、族姓女，聞如來如來弟子已從彼至此，聞已歡喜，極懷踊躍，以清淨心躬往奉見，禮敬供養，既供養已，受三自歸，於佛法及比丘衆而受禁戒。周那！是謂第七出世間福，得大福祐，得大果報，得大名譽，得大功德。

「周那！◎有信族姓男、族姓女，若得此七世間之福，及更有七出世間福者，其福不可數，有爾所福，爾所福果，爾所福報，唯不可限、不可量、不可得大福之數。周那！譬如從閻浮洲，有五河流：一曰恒伽，二曰搖尤那，三曰舍勞浮，四曰阿夷羅婆提，五曰摩企，流入大海，於其中間，水不可數，有爾所升斛，唯不可限、不可量、不可得大水之數。周那！如是信族姓男、族姓女，若得此七世間之福，及更有七出世間福者，其福不可數，有爾所福，爾所福果，爾所福報，唯不可限、不可量、不可得大福之數。」

爾時世尊而說頌曰：

恒伽之河，　清淨易渡，　海多珍寶，　衆水中王。
猶若河水，　世人敬奉，　諸川所歸，　引入大海。
如是人者，　施衣飲食，　床檢茵褥，　及諸坐具。
無量福報，　將至妙處；　猶若河水，　引入大海。

佛說如是，尊者摩訶周那及諸比丘聞佛所說，歡喜奉行。

世間福經第七竟（九百九十三字）

（八）中阿含七法品七日經第八（初一日誦）

我聞如是：一時，佛遊鞞舍離，在㮈氏樹園。

爾時世尊告諸比丘：「一切行無常，不久住法，速變易法，不可猗法。如是諸行不當樂著，當患厭之，當求捨離，當求解脫。所以者何？有時不雨，當不雨時，一切諸樹、百穀、藥木皆悉枯槁，摧碎滅盡，不得常住。是故一切行無常，不久住法，速變易法，不可猗法。如是諸行不當樂著，當患厭之，當求捨離，當求解脫。

「復次，有時二日出世，二日出時，諸溝渠川流皆悉竭盡，不得常住。是故一切行無常，不久住法，速變易法，不可猗法。如是諸行不當樂著，當患厭之，當求捨離，當求解脫。

「復次，有時三日出世，三日出時，諸大江河皆悉竭盡，不得常住。是故一切行無常，不久住法，速變易法，不可猗法。如是諸行不當樂著，當患厭之，當求捨離，當求解脫。

「復次，有時四日出世，四日出時，諸大泉源從閻浮洲五河所出：一曰恒伽，二曰搖尤那，三曰舍牢浮，四曰阿夷羅婆提，五曰摩企，彼大泉源皆悉竭盡，不得常住。是故一切行無常，不久住法，速變易法，不可猗法。如是諸行不當樂著，當患厭之，當求捨離，當求解脫。

「復次，有時五日出世，五日出時，大海水減一百由延，轉減乃至七百由延五日出時，海水餘有七百由延，轉減乃至一百由延。五日出時，大海水減一多羅樹，轉減乃至七多羅樹。五日出時，海水餘有七多羅樹，轉減乃至一多羅樹。五日出時，海水減一人，轉減乃至七人。五日出時，海水餘有七人，轉減乃至一人。五日出時，海水減至頸、至肩、至腰、至*胯、至膝、至踝，有時海水消盡，不足沒指。是故一切行無常，不久住法，速變易法，不可猗法。如是諸行不當樂著，當患厭之，當求捨離，當求解脫。

「復次，有時六日出世，六日出時，一切大地須彌山王皆悉烟起，合為一烟。譬如陶師始爨竈時，皆悉烟起合為一烟；如是六日出時，一切大地須彌山王皆悉烟起，合為一烟。是故一切行無常，不久住法，速變易法，不可猗法。如是諸行，不當樂著，當患厭之，當求捨離，當求解脫。

「復次，有時七日出世，七日出時，一切大地須彌山王洞燃俱熾，合為一熢。如是七日出時，一切大地須彌山王洞燃俱熾，合為一熢，風吹火熢，乃至梵天。是時晃昱諸天始生天者，不諳世間成敗，不見世間成敗，不知世間成敗，見大火已，皆恐怖毛豎，而作是念：『火不來至此耶？火不來至此耶？』前生諸天諳世間成敗，見世間成敗，知世間成敗，見大火已，慰勞諸天曰：『莫得恐怖！火法齊彼，終不至此。』七日出時，須彌山王百由延崩散壞滅盡，二百由延、三百由延，乃至七百由延崩散壞滅盡。七日出時，須彌山王及此大地燒壞消滅，無餘烖燼，如燃酥油，煎熬消盡，無餘烟墨。如是七日出時，須彌山王及此大地無餘*烖燼。是故一切行無常，不久住法，速變易法，不可猗法。如是諸行不當樂著，當患厭之，當求捨離，當求解脫。

「我今為汝說須彌山王當崩壞盡，誰有能信？唯見諦者耳。我今為汝說，大海水當竭消盡，誰有能信？唯見諦者耳。我今為汝說，一切大地當燒燃盡，誰有能信？唯見諦者耳。所以者何？比丘！昔有大師名曰善眼，為外道仙人之所師宗，捨離欲愛，得如意足。善眼大師有無量百千弟子，善眼大師為諸弟子說梵世法。若善眼大師為說梵世法時，諸弟子等有不具足奉行法者，彼命終已，或生四王天，或生三十三天，或生燄摩天，或生兜率哆天，或生化樂天，或生他化樂天。若善眼大師為說梵世法時，諸弟子等設有具足奉行法者，彼修四梵室，捨離於欲，彼命終已得生梵天。彼時善眼大師而作是念：『我不應與弟子等同俱至後世共生一處，我今寧可更修增上慈，修增上慈已，命終得生晃昱天中。』彼時善眼大師，則於後時更修增上慈，修增上慈已，命終得生晃昱天中。善眼大師及諸弟子學道不虛，得大果報。

「諸比丘！於意云何？昔善眼大師為外道仙人之所師宗，捨離欲愛，得如意足者，汝謂異人耶？莫作斯念，當知即是我也。我於爾時名善眼大師，為外道仙人之所師宗，捨離欲愛，得如意足。我於爾時有無量百千弟子，我於爾時為諸弟子說梵世法。我說梵世法時，諸弟子等有不具足奉行法者，彼命終已，或生四王天，或生三十三天，或生燄摩天，或生兜率哆天，或生化樂天，或生他化樂天。我說梵世法時，諸弟子等設有具足奉行法者，修四梵室，捨離於欲，彼命終已得生梵天。我於爾時而作是念：『我不應與弟子等同俱至後世共生一處，我今寧可更修增上慈，修增上慈已，命終得生晃昱天中。』我於後時更修增上慈，修增上慈已，命終得生晃昱天中。我於爾時及諸弟子學道不虛，得大果報。

「我於爾時親行斯道，為自饒益，亦饒益他，饒益多人，愍傷世間，為天、為人，求義及饒益，求安隱快樂。爾時說法不至究竟，不究竟白淨，不究竟梵行，不究竟梵行訖，爾時不離生、老、病、死、啼哭憂慼，亦未能得脫一切苦。比丘！我今出世，如來、無所著、等正覺、明行成為、善逝、世間解、無上士、道法御、天人師、號佛、眾祐。我今自饒益，亦饒益他，饒益多人，愍傷世間，為天、為人，求義及饒益，求安隱快樂。我今說法得至究竟，究竟白淨，究竟梵行，究竟梵行訖，我今已離生、老、病、死、啼哭憂慼，我今已得脫一切苦。」

佛說如是，彼諸比丘聞佛所說，歡喜奉行。

七日經第八竟（一千七百一字）

（九）中阿含七法品七車經第九（初一日誦）

我聞如是：一時，佛遊王舍城，在竹林精舍，與大比丘衆共受夏坐，尊者滿慈子亦於生地受夏坐。

是時生地諸比丘受夏坐訖，過三月已，補治衣竟，攝衣持鉢，從生地出向王舍城，展轉進前至王舍城，住王舍城竹林精舍。是時生地諸比丘詣世尊所，稽首作禮却坐一面。

世尊問曰：「諸比丘！從何所來？何處夏坐？」

生地諸比丘白曰：「世尊！從生地來，於生地夏坐。」

世尊問曰：「於彼生地諸比丘中，何等比丘為諸比丘所共稱譽：自少欲知足，稱說少欲知足；自閑居，稱說閑居；自精進，稱說精進；自正念，稱說正念；自一心，稱說一心；自智慧，稱說智慧；自漏盡，稱說漏盡；自勸發渴仰，成就歡喜，稱說勸發渴仰，成就歡喜？」

生地諸比丘白曰：「世尊！尊者滿慈子於彼生地，為諸比丘所共稱譽：自少欲知足，稱說少欲知足；自閑居，稱說閑居；自精進，稱說精進；自正念，稱說正念；自一心，稱說一心；自智慧，稱說智慧；自漏盡，稱說漏盡；自勸發渴仰，成就歡喜，稱說勸發渴仰，成就歡喜。」

是時尊者舍梨子在衆中坐，尊者舍梨子作如是念：「世尊如事問彼生地諸比丘輩，生地諸比丘極大稱譽賢者滿慈子，自少欲知足，稱說少欲知足；自閑居，稱說閑居；自精進，稱說精進；自正念，稱說正念；自一心，稱說一心；自智慧，稱說智慧；自漏盡，稱說漏盡；自勸發渴仰，成就歡喜，稱說勸發渴仰，成就歡喜。」

尊者舍梨子復作是念：「何時當得與賢者滿慈子共聚集會，問其少義？彼或能聽我之所問。」

爾時世尊於王舍城受夏坐訖，過三月已，補治衣竟，攝衣持鉢，從王舍城出，向舍衛國，展轉進前至舍衛國，即住勝林給孤獨園。尊者舍梨子與生地諸比丘於王舍城共住少日，攝衣持鉢向舍衛國，展轉進前至舍衛國，共住勝林給孤獨園。

是時尊者滿慈子於生地受夏坐訖，過三月已，補治衣竟，攝衣持鉢，從生地出向舍衛國，展轉進前至舍衛國，亦住勝林給孤獨園。尊者滿慈子詣世尊所，稽首作禮，於如來前敷尼師檀，結*跏趺坐。

時尊者舍梨子問餘比丘：「諸賢！何者是賢者滿慈子耶？」

諸比丘白尊者舍梨子：「唯然，尊者在如來前坐，白晳隆鼻如鸚鵡嘴，即其人也。」

時尊者舍梨子知滿慈子色貌已，則善記念。尊者滿慈子過夜平旦，著衣持鉢，入舍衞國而行乞食。食訖中後，還舉衣鉢，澡洗手足，以尼師檀著於肩上，至安陀林經行之處。尊者舍梨子亦過夜平旦，著衣持鉢，入舍衞國而行乞食，食訖中後，還舉衣鉢，澡洗手足，以尼師檀著於肩上，至安陀林經行之處。時尊者滿慈子到安陀林，於一樹下敷尼師檀，結*跏趺坐。尊者舍梨子亦至安陀林，離滿慈子不遠，於一樹下敷尼師檀，結*跏趺坐。

尊者舍梨子則於晡時從燕坐起，往詣尊者滿慈子所，共相問訊，却坐一面，則問尊者滿慈子曰：「賢者！從沙門瞿曇修梵行耶？」

答曰：「如是。」

「云何，賢者！以戒淨故，從沙門瞿曇修梵行耶？」

答曰：「不也。」

「以心淨故，以見淨故，以疑蓋淨故，以道非道知見淨故，以道跡知見淨故，以道跡斷智淨故，從沙門瞿曇修梵行耶？」

答曰：「不也。」

又復問曰：「我向問賢者從沙門瞿曇修梵行耶？則言如是。今問賢者以戒淨故從沙門瞿曇修梵行耶？便言不也。以心淨故，以見淨故，以疑蓋淨故，以道非道知見淨故，以道跡知見淨故，以道跡斷智淨故，從沙門瞿曇修梵行耶？便言不也。然以何義？從沙門瞿曇修梵行耶？」

答曰：「賢者！以無餘涅槃故。」

又復問曰：「云何，賢者！以戒淨故，沙門瞿曇施設無餘涅槃耶？」

答曰：「不也。」

「以心淨故，以見淨故，以疑蓋淨故，以道非道知見淨故，以道跡知見淨故，以道跡斷智淨故，沙門瞿曇施設無餘涅槃耶？」

答曰：「不也。」

又復問曰：「我向問仁，云何，賢者！以戒淨故，沙門瞿曇施設無餘涅槃耶？賢者言不。以心淨故，以見淨故，以疑蓋淨故，以道非道知見淨故，以道跡知見淨故，以道跡斷智淨故，沙門瞿曇施設無餘涅槃耶？賢者言不。賢者所說為是何義？云何得知？」

答曰：「賢者！若以戒淨故，世尊沙門瞿曇施設無餘涅槃者，則以有餘稱說無餘。以心淨故，以見淨故，以疑蓋淨故，以道非道知見淨故，以道跡知見淨故，以道跡斷智淨故，世尊沙門瞿曇施設無餘涅槃者，則以有餘稱說無餘。賢者！若離此法，世尊施設無餘涅槃者，則凡夫亦當般涅槃，以凡夫亦離此法故。賢者！但以戒淨故，得心淨。以心淨故，得見淨。以見淨故，得疑蓋淨。以疑蓋淨故，得道非道知見淨。以道非道知見淨故，得道跡知見淨。以道跡知見淨故，得道跡斷智淨，以道跡斷智淨故，世尊沙門瞿曇施設無餘涅槃也。

「賢者！復聽！昔拘薩羅王波斯匿在舍衛國，於婆雞帝有事，彼作是念：『以何方便，令一日行，從舍衛國至婆雞帝耶？』復作是念

：『我今寧可從舍衛國至婆雞帝，於其中間布置七車。』爾時即從舍衛國至婆雞帝，於其中間布置七車。布七車已，從舍衛國出，至初車，乘初車。至第二車，捨初車，乘第*二車。至第三車，捨第二車，乘第三車。至第四車，捨第三車，乘第四車。至第五車，捨第四車，乘第五車。至第六車，捨第五車，乘第六車。至第七車，◎捨第六車☆，乘第七車，於一日中至婆雞帝。

「彼於婆雞帝辦其事已，大臣圍繞，坐王正殿，群臣白曰：『云何，天王！以一日行，從舍衛國至婆雞帝耶？』王曰：『如是。』『云何，天王！乘第一車，一日從舍衛國至婆雞帝耶？』王曰：『不也。』『乘第二車，乘第三車，至第七車，從舍衛國至婆雞帝耶？』王曰：『不也。』

「云何，賢者！拘薩羅王波斯匿群臣復問：『當云何說？』王答群臣：『我在舍衛國於婆雞帝有事，我作是念：「以何方便，令一日行，從舍衛國至婆雞帝耶？」我復作是念：「我今寧可從舍衛國至婆雞帝，於其中間布置七車。」我時即從舍衛國至婆雞帝，於其中間布置七車。布七車已，從舍衛國出，至初車，乘初車。至第二車，捨初車，乘第二車。至第三車，捨第二車，乘第三車。至第四車，捨第三車，乘第四車。至第五車，捨第四車，乘第五車。至第六車，捨第五車，乘第六車。至第七車，◎捨第六車☆，乘第七車，於一日中至婆雞帝。』

「如是，賢者！拘薩羅王波斯匿答對群臣所問如是。如是，賢者！以戒淨故，得心淨。以心淨故，得見淨。以見淨故，得疑蓋淨。以疑蓋淨故，得道非道知見淨。以道非道知見淨故，得道跡知見淨。以道跡知見淨故，得道跡斷智淨。以道跡斷智淨故，世尊施設無餘涅槃。」

於是尊者舍梨子問尊者滿慈子：「賢者名何等？諸梵行人云何稱賢者耶？」

尊者滿慈子答曰：「賢者！我號滿也，我母名慈，故諸梵行人稱我為滿慈子。」

尊者舍梨子歎曰：「善哉！善哉！賢者滿慈子！為如來弟子，所作智辯聰明決定，安隱無畏成就調御，逮大辯才得甘露幢，於甘露界自作證成就遊，以問賢者甚深義盡能報故。賢者滿慈子！諸梵行人為得大利，得值賢者滿慈子，隨時往見，隨時禮拜，我今亦得大利，隨時往見，隨時禮拜。諸梵行人應當縈衣頂上戴賢者滿慈子，為得大利，我今亦得大利，隨時往見，隨時禮拜。」

尊者滿慈子問尊者舍梨子：「賢者名何等？諸梵行人云何稱賢者耶？」

尊者舍梨子答曰：「賢者！我字優波鞮舍，我母名舍梨，故諸梵行人稱我為舍梨子。」

尊者滿慈子歎曰：「我今與世尊⊙等弟子共論而不知，第一尊共論而不知，法將共論而不知，轉法輪復轉弟子共論而不知。若我知尊者舍梨子者，不能答一句，況復爾所深論！善哉！善哉！尊者舍梨子！為如來弟子，所作智辯聰明決定，安隱無畏成就調御，逮大辯才得甘露幢，於甘露界自作證成就遊，以尊者甚深甚深問故。尊者舍梨子！諸梵行人為得大利，得值尊者舍梨子，隨時往見，隨時禮拜，我今亦得大利，隨時往見，隨時禮拜。諸梵行人應當縈衣頂上戴尊者舍梨子，為得大利，我今亦得大利，隨時往見，隨時禮拜。」

如是二賢更相稱說，更相讚善已，歡喜奉行，即從*座起各還所止。

七車經第九竟二千五百八字

（一〇）中阿含七法品漏盡經第十初一日誦

我聞如是：一時，佛遊拘樓瘦，在劒磨瑟曇拘樓都邑。

爾時世尊告諸比丘：「以知、以見故諸漏得盡，非不知，非不見也。云何以知、以見故諸漏得盡耶？有正思惟、不正思惟。若不正思惟者，未生欲漏而生，已生便增廣；未生有漏、無明漏而生，已生便增廣。若正思惟者，未生欲漏而不生，已生便滅；未生有漏、無明漏而不生，已生便滅。

「然凡夫愚人不得聞正法，不值真知識，不知聖法，不調御聖法，不知如真法，不正思惟者，未生欲漏而生，已生便增廣；未生有漏、無明漏而生，已生便增廣。正思惟者，未生欲漏而不生，已生便滅；未生有漏、無明漏而不生，已生便滅。不知如真法故，不應念法而念，應念法而不念。以不應念法而念，應念法而不念故，未生欲漏而生，已生便增廣；未生有漏、無明漏而生，已生便增廣。

「多聞聖弟子得聞正法，值真知識，調御聖法，知如真法。不正思惟者，未生欲漏而生，已生便增廣；未生有漏、無明漏而生，已生便增廣。正思惟者，未生欲漏而不生，已生便滅；未生有漏、無明漏而不生，已生便滅。知如真法已，不應念法不念，應念法便念。以不應念法不念，應念法便念故，未生欲漏而不生，已生便滅；未生有漏，無明漏而不生，已生便滅也。

「有七斷漏、煩惱、憂慼法。云何為七？有漏從見斷，有漏從護斷，有漏從離斷，有漏從用斷，有漏從忍斷，有漏從除斷，有漏從思惟斷。

「云何有漏從見斷耶？凡夫愚人不得聞正法，不值真知識，不知聖法，不調御聖法，不知如真法，不正思惟故，便作是念：『我有過去世？我無過去世？我何因過去世？我云何過去世耶？我有未來世？我無未來世？我何因未來世？我云何未來世耶？自疑己身何謂是？云何是耶？今此衆生從何所來？當至何所？本何因有？當何因有？』彼作如是不正思惟，於六見中隨其見生而生真有神，此見生而生真無神，此見生而生神見神，此見生而生神見非神，此見生而生非神見神，此見生而生此是神，能語、能知，能作、教作、起、教起，生彼彼處受善惡報；定無所從來，定不有，定不當有。是謂見之弊，為見所動，見結所繫，凡夫愚人以是之故，便受生、老、病、死苦也。

「多聞聖弟子得聞正法，值真知識，調御聖法，知如真法，知苦如真，知苦習、知苦滅、知苦滅道如真。如是知如真已，則三結盡，身見、戒取、疑三結盡已，得須陀洹，不墮惡法，定趣正覺，極受七有。天上、人間七往來已，便得苦際。若不知見者則生煩惱、憂慼，知見則不生煩惱、憂慼，是謂有漏從見斷也。

「云何有漏從護斷耶？比丘眼見色護眼根者，以正思惟不淨觀也。不護眼根者，不正思惟以淨觀也。若不護者則生煩惱、憂慼，護則不生煩惱、憂慼。如是耳、鼻、舌、身、意知法，護意根者，以正思惟不淨觀也；不護意根者，不正思惟以淨觀也。若不護者則生煩惱、憂慼，護則不生煩惱、憂慼，是謂有漏從護斷也。

「云何有漏從離斷耶？比丘見惡象則當遠離，惡馬、惡牛、惡狗、毒蛇、惡道、溝坑、屏廁、江河、深泉、山巖、惡知識、惡朋友、惡異道、惡閭里、惡居止，若諸梵行與其同處，人無疑者而使有疑，比丘者應當離。惡知識、惡朋友、惡異道、惡閭里、惡居止，若諸梵行與其同處，人無疑者而使有疑，盡當遠離。若不離者則生煩惱、憂慼，離則不生煩惱、憂慼，是謂有漏從離斷也。

「云何有漏從用斷耶？比丘若用衣服，非為利故，非以貢高故，非為嚴飾故；但為蚊虻、風雨、寒熱故，以慚愧故也。若用飲食，非為利故，非以貢高故，非為肥悅故；但為令身久住，除煩惱、憂慼故，以行梵行故，欲令故病斷，新病不生故，久住安隱無病故也。若用居止房舍、床褥、臥具，非為利故，非以貢高故，非為嚴飾故；但為疲惓得止息故，得靜坐故也。若用湯藥，非為利故，非以貢高故，非為肥悅故；但為除病惱故，攝御命根故，安隱無病故。若不用者則生煩惱、憂慼，用則不生煩惱、憂慼，是謂有漏從用斷也。

「云何有漏從忍斷耶？比丘精進斷惡不善，修善法故，常有起想，專心精勤，身體、皮肉、筋骨、血髓，皆令乾竭不捨精進，要得所求乃捨精進。比丘復當堪忍飢渴、寒熱、蚊虻、蠅蚤虱，風日所逼，惡聲捶杖，亦能忍之。身遇諸病極為苦痛，至命欲絕，諸不可樂皆能堪忍。若不忍者則生煩惱、憂慼，忍則不生煩惱、憂慼，是謂有漏從忍斷也。

「云何有漏從除斷耶？比丘生欲念不除斷捨離，生恚念、害念不除斷捨離。若不除者則生煩惱、憂慼，除則不生煩惱、憂慼，是謂有漏從除斷也。

「云何有漏從思惟斷耶？比丘思惟初念覺支，依離，依無欲，依於滅盡，起至出要；法、精進、喜、息、定，思惟第七捨覺支，依離，依無欲，依於滅盡，趣至出要。若不思惟者則生煩惱、憂慼，思惟則不生煩惱、憂慼，是謂有漏從思惟斷也。

「若使比丘有漏從見斷則以見斷，有漏從護斷則以護斷，有漏從離斷則以離斷，有漏從用斷則以用斷，有漏從忍斷則以忍斷，有漏從除斷則以除斷，有漏從思惟斷則以思惟斷，是謂比丘一切漏盡諸結已解，能以正智而得苦際。」

佛說如是，彼諸比丘聞佛所說，歡喜奉行。

漏盡經第十竟千六百二十一字

中阿含經卷第二一七千九百三十四字

中阿含七法品第一竟一萬六千四十三字　**初一日誦**

中阿含經卷第三

東晉罽賓三藏瞿曇僧伽提婆譯

業相應品第二有十經 初一日誦

鹽喻、惒破、度，羅云、思、伽藍，伽彌尼、師子，尼乾、波羅牢。

(一一)中阿含業相應品鹽喻經第一

我聞如是：一時，佛遊舍衞國，在勝林給孤獨園。

爾時世尊告諸比丘：「隨人所作業則受其報，如是不行梵行不得盡苦。若作是說，隨人所作業則受其報，如是修行梵行便得盡苦。所以者何？若使有人作不善業，必受苦果地獄之報。云何有人作不善業，必受苦果地獄之報？謂有一人不修身、不修戒、不修心、不修慧，壽命甚短，是謂有人作不善業，必受苦果地獄之報。猶如有人以兩鹽投少水中，欲令水鹹不可得飲，於意云何？此一兩鹽能令少水鹹叵飲耶？」

答曰：「如是，世尊！」

「所以者何？鹽多水少，是故能令鹹不可飲。如是有人作不善業，必受苦果地獄之報。云何有人作不善業，必受苦果地獄之報？謂有一人不修身、不修戒、不修心、不修慧，壽命甚短，是謂有人作不善業，必受苦果地獄之報。

「復次，有人作不善業，必受苦果現法之報。云何有人作不善業，必受苦果現法之報？謂有一人修身、修戒、修心、修慧，壽命極長，是謂有人作不善業，必受苦果現法之報。猶如有人以一兩鹽投恒水中，欲令水鹹不可得飲，於意云何？此一兩鹽能令恒水鹹叵飲耶？」

答曰：「不也，世尊！」

「所以者何？恒水甚多，一兩鹽少，是故不能令鹹叵飲。如是有人作不善業，必受苦果現法之報。云何有人作不善業，必受苦果現法之報？謂有一人修身、修戒、修心、修慧，壽命極長，是謂有人作不善業，必受苦果現法之報。

「復次，有人作不善業，必受苦果地獄之報。云何有人作不善業，必受苦果地獄之報？謂有一人不修身、不修戒、不修心、不修慧，壽命甚短，是謂有人作不善業，必受苦果地獄之報。猶如有人奪取他羊，云何有人奪取他羊？謂奪羊者或王、王臣，極有威勢，彼羊主者貧賤無力。彼以無力故便種種承望，叉手求索而作是說：『尊者！可見還羊，若見與直！』是謂有人奪取他羊。如是有人作不善業，必受苦果地獄之報。云何有人作不善業，必受苦果地獄之報？謂有一人不修身、不修戒、不修心、不修慧，壽命甚短，是謂有人作不善業，必受苦果地獄之報。

「復次，有人作不善業，必受苦果現法之報。云何有人作不善業，必受苦果現法之報？謂有一人修身、修戒、修心、修慧，壽命極長，是謂有人作不善業，必受苦果現法之報。猶如有人雖竊他羊，主還奪取。云何有人雖竊他羊，主還奪取？謂竊羊者貧賤無勢，彼羊主者或王、王臣，極有威力，以有力故收縛竊者，還奪取羊，是謂有人雖竊他羊，主還奪取。如是有人作不善業，必受苦果現法之報。云何有人作不善業，必受苦果現法之報？謂有一人修身、修戒、修心、修慧，壽命極長，是謂有人作不善業，必受苦果現法之報。

「復次，有人作不善業，必受苦果地獄之報。云何有人作不善業，必受苦果地獄之報？謂有一人不修身、不修戒、不修心、不修慧，壽命甚短，是謂有人作不善業，必受苦果地獄之報。猶如有人負他五錢為主所縛，乃至一錢亦為主所縛。云何有人負他五錢，為主所縛？乃至一錢亦為主所縛？謂負債人貧無力勢，彼貧無力故，負他五錢，為主所縛，乃至一錢亦為主所縛，是謂有人負他五錢，為主所縛，乃至一錢亦為主所縛。如是有人作不善業，必受苦果地獄之報。云何有人作不善業，必受苦果地獄之報？謂有一人不修身、不修戒、不修心、不修慧，壽命甚短，是謂有人作不善業，必受苦果地獄之報。

「復次，有人作不善業，必受苦果現法之報。云何有人作不善業，必受苦果現法之報？謂有一人修身、修戒、修心、修慧，壽命極長，是謂有人作不善業，必受苦果現法之報。猶如有人雖負百錢，不為主所縛，乃至千萬亦不為主所縛。云何有人雖負百錢，不為主所縛，乃至千萬亦不為主所縛？謂負債人產業無量極有勢力，彼以是故，雖負百錢，不為主所縛，乃至千萬亦不為主所縛，是謂有人雖負百錢，不為主所縛，乃至千萬亦不為主所縛。如是有人作不善業，必受苦果現法之報。云何有人作不善業，必受苦果現法之報？謂有一人修身、修戒、修心、修慧，壽命極長，是謂有人作不善業，必受苦果現法之報，彼於現法設受善惡業報而輕微也。」

佛說如是，彼諸比丘聞佛所說，歡喜奉行。

鹽喻經第一竟千三百五十一字

(一二)中阿含業相應品衵破經第二 衵過反 初一日誦

我聞如是：一時，佛遊釋羈瘦迦維羅衛，在尼拘類園。

爾時尊者大目乾連與比丘衆俱，於中食後有所為故，集坐講堂。是時尼乾有一弟子釋種名曰衵破，中後彷徉至尊者大目乾連所，共相問訊，却坐一面。於是尊者大目乾連問如此事：「於衵破意云何？若有比丘身、口、意護，汝頗見是處，因此生不善漏令至後世耶？」

衵破答曰：「大目乾連！若有比丘身、口、意護，我見是處，因此生不善漏令至後世。大目乾連！若有前世行不善行，因此生不善漏令至後世。」

後時世尊靜處宴坐，以淨天耳出過於人，聞尊者大目乾連與尼乾弟子釋羇破共論如是。世尊聞已，則於晡時從宴坐起，往詣講堂，比丘衆前敷座而坐。

世尊坐已，問曰：「目乾連！向與尼乾弟子釋羇破共論何事？復以何事集坐講堂？」

尊者大目乾連白曰：「世尊！我今日與比丘衆俱，於中食後有所為故，集坐講堂。此尼乾弟子釋羇破中後彷徉來至我所，共相問訊，却坐一面。我問如是：『於羇破意云何？若有比丘身、口、意護，汝頗見是處，因此生不善漏令至後世耶？』尼乾弟子釋羇破即答我言：『若有比丘身、口、意護，我見是處，因此生不善漏令至後世。大目乾連！若有前世行不善行，因此生不善漏令至後世。』世尊！向與尼乾弟子釋枳破共論如是，以此事故集坐講堂。」

於是世尊語尼乾弟子釋枳破曰：「若我所說是者，汝當言是；若不是者，當言不是。汝有所疑便可問我：『沙門瞿曇！此有何事？此有何義？』隨我所說，汝若能受者，我可與汝共論此事。」

枳破答曰：「沙門瞿曇！若所說是，我當言是；若不是者，當言不是。我若有疑，當問瞿曇：『瞿曇！此有何事？此有何義？』隨沙門瞿曇所說，我則受持，沙門瞿曇但當與我共論此事。」

世尊問曰：「於枳破意云何？若有比丘生不善身行漏、煩熱、憂慼，彼於後時不善身行滅，不更造新業，棄捨故業，即於現世便得究竟而無煩熱，常住不變，謂聖慧所見、聖慧所知也。身生不善、口行不善、意行不善，無明行漏、煩熱、憂慼，彼於後時不善無明行滅，不更造新業，棄捨故業，即於現世便得究竟而無煩熱，常住不變，謂聖慧所見、聖慧所知。云何，积破！如是比丘身、口、意護，汝頗見是處，因此生不善漏令至後世耶？」

积破答曰：「瞿曇！若有比丘如是身、口、意護，我不見是處，因此生不善漏令至後世。」

世尊歎曰：「善哉！积破！云何，积破！若有比丘無明已盡，明已生，彼無明已盡，明已生，生後身覺便知生後身覺，生後命覺便知生後命覺，身壞命終，壽已畢訖，即於現世一切所覺便盡止息，當知至竟冷?猶如,梨破!因樹有影,若使有人持利斧來斫彼樹根,段段斬截,破為十分,或為百分,火燒成灰,或大風吹,或著水中,於梨破意云何?影因樹有,彼影從是已絕,其因滅不生耶?」

梨破答曰:「如是,瞿曇!」

「梨破!當知比丘亦復如是,無明已盡,明已生,彼無明已盡,明已生,生後身覺便知生後身覺,生後命覺便知生後命覺,身壞命終,壽已畢訖,即於現世一切所覺便盡止息,當知至竟冷。梨破!比丘如是正心解脫,便得六善住處。云何為六?梨破!比丘眼見色,不喜不憂,捨求無為,正念正智。梨破!比丘如是正心解脫,是謂得第一善住處。如是耳、鼻、舌、身,意知法,不喜不憂,捨求無為,正念正智。𢪩破！比丘如是正心解脫，是謂得第六善住處。𢪩破！比丘如是正心解脫，得此六善住處。」

𢪩破白曰：「如是，瞿曇！多聞聖弟子如是正心解脫，得六善住處。云何為六？瞿曇！多聞聖弟子眼見色，不喜不憂，捨求無為，正念正智。瞿曇！多聞聖弟子如是正心解脫，是謂得第一善住處。如是耳、鼻、舌、身，意知法，不喜不憂，捨求無為，正念正智。如是，瞿曇！多聞聖弟子如是正心解脫，是謂得第六善住處。如是，瞿曇！多聞聖弟子如是正心解脫，得此六善住處。」

於是𢪩破白世尊曰：「瞿曇！我已知。善逝！我已解。瞿曇猶明目人，覆者仰之，覆者發之，迷者示道，暗中施明。若有眼者便見於色，沙門瞿曇亦復如是，為我無量方便說法現義，隨其諸道。世尊！我今自歸於佛、法及比丘眾，唯願世尊受我為優婆塞！從今日始，終身自歸，乃至命盡。

「世尊！猶如有人養不良馬，望得其利，徒自疲勞而不獲利。世尊！我亦如是，彼愚癡尼乾不善曉了，不能解知，不識良田而不自審，長夜奉敬供養禮事，望得其利，唐苦無益。世尊！我今再自歸佛、法及比丘眾，唯願世尊受我為優婆塞！從今日始，終身自歸，乃至命盡。

「世尊！我本無知，於愚癡尼乾有信有敬，從今日斷。所以者何？欺誑我故。世尊！我今三自歸佛、法及比丘眾，唯願世尊受我為優婆塞！從今日始，終身自歸，乃至命盡。」

佛說如是，釋梵破及諸比丘聞佛所說，歡喜奉行。

梵破經第二竟一千五百二字

（一三）中阿含業相應品度經第三初一日誦

我聞如是：一時，佛遊舍衛國，在勝林給孤獨園。

爾時世尊告諸比丘：「有三度處異姓、異名、異宗、異說，謂有慧者善受、極持而為他說，然不獲利。云何為三？或有沙門、梵志如是見如是說，謂人所為一切皆因宿命造。復有沙門、梵志如是見如是說，謂人所為一切皆因尊祐造。復有沙門、梵志如是見如是說，謂人所為一切皆無因無緣。

「於中若有沙門、梵志如是見如是說，謂人所為一切皆因宿命造者，我便往彼，到已即問：『諸賢！實如是見如是說，謂人所為一切皆因宿命造耶？』彼答言：『爾。』我復語彼：『若如是者，諸賢等皆是殺生。所以者何？以其一切皆因宿命造故。如是諸賢皆是不與取、邪婬、妄言乃至邪見，所以者何？以其一切皆因宿命造故。諸賢！若一切皆因宿命造，見如真者，於內因內、作以不作，都無欲、無方便。諸賢！若於作以不作，不知如真者，便失正念，無正智，則無可以教。』如沙門法如是說者，乃可以理伏彼沙門、梵志。

「於中若有沙門、梵志如是見如是說，謂人所為一切皆因尊祐造者，我便往彼，到已即問：『諸賢！實如是見如是說，謂人所為一切皆因尊祐造耶？』彼答言：『爾。』我復語彼：『若如是者，諸賢等皆是殺生。所以者何？以其一切皆因尊祐造故。如是諸賢皆是不與取、邪婬、妄言乃至邪見，所以者何？以其一切皆因尊祐造故。諸賢！若一切皆因尊祐造，見如真者，於內因內、作以不作，都無欲、無方便。諸賢！若於作以不作，不知如真者，便失正念，無正智，則無可以教。』如沙門法如是說者，乃可以理伏彼沙門、梵志。

「於中若有沙門、梵志如是見如是說，謂人所為一切皆無因無緣者，我便往彼，到已即問：『諸賢！實如是見如是說，謂人所為一切皆無因無緣耶？』彼答言：『爾。』我復語彼：『若如是者，諸賢等皆是殺生，所以者何？以其一切皆無因無緣故。如是諸賢皆是不與取、邪婬、妄言乃至邪見。所以者何？以其一切皆無因無緣故。諸賢！若一切皆無因無緣，見如真者，於內因內、作以不作，都無欲、無方便。諸賢！若於作以不作，不知如真者，便失正念，無正智，則無可以教。』如沙門法如是說者，乃可以理伏彼沙門、梵志。

「我所自知、自覺法為汝說者，若沙門、梵志，若天、魔、梵及餘世間皆無能伏，皆無能穢，皆無能制。云何我所自知、自覺法為汝說，非為沙門、梵志，若天、魔、梵及餘世間所能伏，所能穢，所能制？謂有六處法，我所自知、自覺為汝說，非為沙門、梵志，若天、魔、梵及餘世間所能伏、所能穢、所能制。復有六界法，我所自知、自覺為汝說，非為沙門、梵志，若天、魔、梵及餘世間所能伏，所能穢，所能制。

「云何六處法，我所自知、自覺為汝說？謂眼處，耳、鼻、舌、身、意處，是謂六處法，我所自知、自覺為汝說也。云何六界法，我所自知、自覺為汝說？謂地界，水、火、風、空、識界，是謂六界法，我所自知、自覺為汝說也。以六界合故，便生母胎，因六界便有六處，因六處便有更樂，因更樂便有覺。比丘若有覺者，便知苦如真，知苦習、知苦滅、知苦滅道如真。云何知苦如真？謂生苦、老苦、病苦、死苦、怨憎會苦、愛別離苦、所求不得苦，略五盛陰苦，是謂知苦如真。云何知苦習如真？謂此愛受當來有，樂欲共俱，求彼彼有，是謂知苦習如真。云何知苦滅如真？謂此愛受當來有，樂欲共俱，求彼彼有斷無餘，捨、吐、盡、無欲、滅、止、沒，是謂知苦滅如真。云何知苦滅道如真？謂八支聖道，正見乃至正定，是為八，是謂知苦滅道如真。比丘！當知苦如真，當斷苦習，當苦滅作證，當修苦滅道。若比丘知苦如真，斷苦習，苦滅作證，修苦滅道者，是謂比丘一切漏盡，諸結已解，能以正智而得苦際。」

佛說如是，彼諸比丘聞佛所說，歡喜奉行。

度經第三竟千一百八十四字

（一四）中阿含業相應品羅云經第四初一日誦

我聞如是：一時，佛遊王舍城，在竹林迦蘭哆園。

爾時尊者羅云亦遊王舍城溫泉林中。於是世尊過夜平旦，著衣持鉢，入王舍城而行乞食。乞食已竟，至溫泉林羅云住處。尊者羅云遙見佛來，即便往迎，取佛衣鉢，為敷坐具，汲水洗足。佛洗足已，坐羅云座。

於是世尊即取水器瀉留少水已，問曰：「羅云！汝今見我取此水器瀉留少水耶？」

羅云答曰：「見也，世尊！」

佛告羅云：「我說彼道少亦復如是，謂知已妄言，不羞不悔，無慚無愧。羅云！彼亦無惡不作。是故，羅云！當作是學，不得戲笑妄言。」

世尊復取此少水器盡瀉棄已，問曰：「羅云！汝復見我取少水器盡瀉棄耶？」

羅云答曰：「見也，世尊！」

佛告羅云：「我說彼道盡棄亦復如是，謂知已妄言，不羞不悔，無慚無愧。羅云！彼亦無惡不作。是故，羅云！當作是學，不得戲笑妄言。」

世尊復取此空水器覆著地已，問曰：「羅云！汝復見我取空水器覆著地耶？」

羅云答曰：「見也，世尊！」

佛告羅云：「我說彼道覆亦復如是，謂知已妄言，不羞不悔，無慚無愧。羅云！彼亦無惡不作。是故，羅云！當作是學，不得戲笑妄言。」

世尊復取此覆水器發令仰已，問曰：「羅云！汝復見我取覆水器發令仰耶？」

羅云答曰：「見也，世尊！」

佛告羅云：「我說彼道仰亦復如是，謂知已妄言，不羞不悔，不慚不愧。羅云！彼亦無惡不作。是故，羅云！當作是學，不得戲笑妄言。

「羅云！猶如王有大象入陣鬪時，用前脚、後脚、尾髂、脊脇、項額、耳牙，一切皆用，唯護於鼻。象師見已，便作是念：『此王大象猶故惜命。所以者何？此王大象入陣鬪時，用前脚、後脚、尾骼、脊脇、項額、耳牙，一切皆用，唯護於鼻。』羅云！若王大象入陣鬪時，用前脚、後脚、尾骼、脊脇、項額、耳牙、鼻，一切盡用。象師見已，便作是念：『此王大象不復惜命。所以者何？此王大象入陣鬪時，用前脚、後脚、尾骼、脊脇、項額、耳牙、鼻，一切盡用。』羅云！若王大象入陣鬪時，用前脚、後脚、尾骼、脊脇、項額、耳牙、鼻，一切盡用，羅云！我說此王大象入陣鬪時，無惡不作。如是，羅云！謂知已妄言，不羞不悔，無慚無愧，羅云！我說彼亦無惡不作。是故，羅云！當作是學，不得戲笑妄言。」

於是世尊即說頌曰：

人犯一法，　謂妄言是，　不畏後世，　無惡不作。
寧噉鐵丸，　其熱如火！　不以犯戒，　受世信施。
若畏於苦，　不愛念者，　於隱顯處，　莫作惡業。
若不善業，　已作今作，　終不得脫，　亦無避處。

佛說頌已，復問羅云：「於意云何？人用鏡為？」

尊者羅云答曰：「世尊！欲觀其面，見淨不淨。」

「如是，羅云！若汝將作身業，即觀彼身業：我將作身業，彼身業為淨？為不淨？為自為？為他？羅云！若觀時則知：我將作身業，彼身業淨，或自為，或為他，不善與苦果受於苦報。羅云！汝當捨彼將作身業。羅云！若觀時則知：我將作身業，彼身業不淨，或自為，或為他，善與樂果受於樂報。羅云！汝當受彼將作身業。

「羅云！若汝現作身業，即觀此身業：若我現作身業，此身業為淨？為不淨？為自為？為他？羅云！若觀時則知：我現作身業，此身業淨，或自為，或為他，不善與苦果受於苦報。羅云！汝當捨此現作身業。羅云！若觀時則知：我現作身業，此身業不淨，或自為，或為他，善與樂果受於樂報。羅云！汝當受此現作身業。

「羅云！若汝已作身業，即觀彼身業：若我已作身業，彼身業已過去滅盡變易，為淨？為不淨？為自？或為他？羅云！若觀時則知：我已作身業，彼身業已過去滅盡變易，彼身業淨，或自為，或為他，不善與苦果受於苦報。羅云！汝當詣善知識、梵行人所，彼已作身業至心發露，應悔過說，慎莫覆藏，更善持護。羅云！若觀時則知：我已作身業，彼身業已過去滅盡變易，彼身業不淨，或自為，或為他，善與樂果受於樂報。羅云！汝當晝夜歡喜，住正念正智，口業亦復如是。

「羅云！因過去行故，已生意業，即觀彼意業：若因過去行故，已生意業，彼意業為淨？為不淨？為自為？為他？羅云！若觀時則知：因過去行故，已生意業，彼意業已過去滅盡變易，彼意業淨，或自為，或為他，不善與苦果受於苦報。羅云！汝當捨彼過去意業。羅云！若觀時則知：因過去行故，已生意業，已過去滅盡變易，彼意業不淨，或自為，或為他，善與樂果受於樂報。羅云！汝當受彼過去意業。

「羅云！因未來行故，當生意業，即觀彼意業：若因未來行故，當生意業，彼意業為淨？為不淨？為自為？為他？羅云！若觀時則知：因未來行故，當生意業，彼意業淨，或自為，或為他，不善與苦果受於苦報。羅云！汝當捨彼未來意業。羅云！若觀時則知：因未來行故，當生意業，彼意業不淨，或自為，或為他，善與樂果受於樂報。羅云！汝當受彼未來意業。

「羅云！因現在行故，現生意業，即觀此意業：若因現在行故，現生意業，此意業為淨？為不淨？為自為？為他？羅云！若觀時則知：因現在行故，現生意業，此意業淨，或自為，或為他，不善與苦果受於苦報。羅云！汝當捨此現在意業。羅云！若觀時則知：因現在行故，現生意業，此意業不淨，或自為，或為他，善與樂果受於樂報。羅云！汝當受此現在意業。

「羅云！若有過去沙門、梵志身、口、意業，已觀而觀，已淨而淨，彼一切即此身、口、意業，已觀而觀，已淨而淨。羅云！若有未來沙門、梵志身、口、意業，當觀而觀，當淨而淨；彼一切即此身、口、意業，當觀而觀、當淨而淨。羅云！若有現在沙門、梵志身、口、意業，現觀而觀，現淨而淨；彼一切即此身、口、意業，現觀而觀，現淨而淨。羅云！汝當如是學：我亦即此身、口、意業，現觀而觀，現淨而淨。」

於是世尊復說頌曰：

身業、口業、意業，羅云！　善不善法，　汝應常觀。
知已妄言，　羅云莫說，　禿從他活，　何可妄言！
覆沙門法，　空無真實。　謂說妄言，　不護其口。
故不妄言，　正覺之子，　是沙門法，　羅云當學。
方方豐樂，　安隱無怖，　羅云至彼，　莫為害他。

佛說如是，尊者羅云及諸比丘聞佛所說，歡喜奉行。

羅云經第四竟一千八百三十二字

(一五)中阿含業相應品思經第五初一日誦

我聞如是：一時，佛遊舍衛國，在勝林給孤獨園。

爾時世尊告諸比丘：「若有故作業，我說彼必受其報，或現世受，或後世受。若不故作業，我說此不必受報。於中身故作三業，不善與苦果受於苦報。口有四業，意有三業，不善與苦果受於苦報。云何身故作三業，不善與苦果受於苦報？一曰殺生，極惡飲血，其欲傷害，不慈衆生，乃至蜫蟲。二曰不與取，著他財物，以偷意取。三曰邪婬，彼或有父所護，或母所護，或父母所護，或姉妹所護，或兄弟所護，或婦父母所護，或親親所護，或同姓所護，或為他婦女，有鞭罰恐怖，及有名假賃至華鬘，親犯如此女。是謂身故作三業，不善與苦果受於苦報。

「云何口故作四業，不善與苦果受於苦報？一曰妄言，彼或在眾，或在眷屬，或在王家，若呼彼問，汝知便說。彼不知言知，知言不知；不見言見，見言不見。為己為他，或為財物，知已妄言。二曰兩舌，欲離別他，聞此語彼，欲破壞此，聞彼語此，欲破壞彼。合者欲離，離者復離，而作群黨，樂於群黨，稱說群黨。三曰麤言，彼若有言，辭氣麤獷，惡聲逆耳，衆所不喜，衆所不愛，使他苦惱，令不得定，說如是言。四曰綺語，彼非時說，不真實說，無義說，非法說，不止息說。又復稱歎不止息事，違背於時而不善教，亦不善訶。是謂口故作四業，不善與苦果受於苦報。

「云何意故作三業，不善與苦果受於苦報？曰貪伺，見他財物諸生活具，常伺求望，欲令我得。二曰嫉恚，意懷憎嫉而作是念：彼衆生者，應殺、應縛、應收、應免、應逐擯出。其欲令彼受無量苦。三曰邪見，所見顛倒，如是見、如是說：無施、無齋，*無有呪說，無善惡業，無善惡業報；無此世彼世，無父無母；世無真人往至善處、善去、善向，此世彼世自知自覺，自作證成就遊。是謂意故作三業，不善與苦果受於苦報。

「多聞聖弟子，捨身不善業，修身善業；捨口、意不善業，修口、意善業。彼多聞聖弟子，如是具足精進戒德，成就身淨業，成就口、意淨業，離恚、離諍，除去睡眠，無調貢高，斷疑、度慢，正念正智，無有愚癡，彼心與慈俱，遍滿一方成就遊。如是二三四方、四維上下，普周一切，心與慈俱，無結無怨，無恚無諍，極廣甚大，無量善修，遍滿一切世間成就遊。彼作是念：『我本此心少不善修，我今此心無量善修。』多聞聖弟子，其心如是無量善修，若本因惡知識，為放逸行，作不善業，彼不能將去，不能穢汙，不復相隨。若有幼少童男、童女，生便能行慈心解脫者，而於後時，彼身、口、意寧可復作不善業耶？」

比丘答曰：「不也，世尊！」

「所以者何？自不作惡業，惡業何由生？是以男女在家、出家，常當勤修慈心解脫，若彼男女在家、出家，修慈心解脫者，不持此身往至彼世，但隨心去此。比丘應作是念：『我本放逸，作不善業，是一切今可受報，終不後世。』若有如是行慈心解脫，無量善*修者，必得阿那含或復上得。

「如是悲、喜，心與捨俱，無結無怨，無恚無諍，極廣甚大，無量善修，遍滿一切世間成就遊。彼作是念：『我本此心少不善修，我今此心無量善修。』多聞聖弟子，其心如是無量善修，若本因惡知識，為放逸行，作不善業，彼不能將去，不能穢汙，不復相隨。若有幼少童男、童女，生便能行捨心解脫者，而於後時，彼身、口、意寧可復作不善業耶？」

比丘答曰：「不也，世尊！」

「所以者何？自不作惡業，惡業何由生？是以男女在家、出家，常當勤修捨心解脫。若彼男女在家、出家，修捨心解脫者，不持此身往至彼世，但隨心去此。比丘應作是念：『我本放逸，作不善業，是一切今可受報，終不後世。』若有如是行捨心解脫，無量善修者，必得阿那含，或復上得。」

佛說如是，彼諸比丘聞佛所說，歡喜奉行。

思經第五竟一千七十四字

(一六)中阿含業相應品伽藍經第六初一日誦

我聞如是：一時，佛遊伽藍園，與大比丘眾俱，至羇舍子，住羇舍子村北尸攝惒林中。

爾時羇舍子伽藍人聞沙門瞿曇釋種子捨釋宗族，出家學道，遊伽藍園，與大比丘衆俱，來至此羇舍子，住羇舍子村北尸攝和林中。彼沙門瞿曇有大名稱，周聞十方，沙門瞿曇如來、無所著、等正覺、明行成為、善逝、世間解、無上士、道法御、天人師、號佛、衆祐。彼於此世，天及魔、梵、沙門、梵志，從人至天，自知自覺，自作證成就遊。彼若說法，初善、中善、竟亦善，有義有文，具足清淨，顯現梵行。若見如來、無所著、等正覺，尊重禮拜供養承事者，快得善利。我等應共往見沙門瞿曇，禮事供養。

羇舍子伽藍人聞已，各與等類眷屬相隨，從羇舍子出，北行至尸攝和林，欲見世尊禮事供養。往詣佛已，彼伽藍人或稽首佛足，却坐一面；或問訊佛，却坐一面；或叉手向佛，却坐一面；或遙見佛已，默然而坐。彼時伽藍人各坐已定，佛為說法，勸發渴仰成就歡喜。無量方便為彼說法，勸發渴仰成就歡喜已，默然而住。

時伽藍人，佛為說法，勸發渴仰成就歡喜已，各從坐起偏袒著衣，叉手向佛白世尊曰：「瞿曇！有一沙門梵志來詣伽藍，但自稱歎己所知見，而呰毀他所知所見。瞿曇！復有一沙門梵志來詣伽藍，亦自稱歎己所知見，而呰毀他所知所見。瞿曇！我等聞已，便生疑惑，此沙門梵志何者為實？何者為虛？」

世尊告曰：「伽藍！汝等莫生疑惑，所以者何？因有疑惑，便生猶豫。伽藍！汝等自無淨智，為有後世？為無後世？伽藍！汝等亦無淨智，所作有罪？所作無罪？伽藍！當知諸業有三，因習本有。何云為三？伽藍！謂貪是諸業，因習本有。伽藍！恚及癡是諸業，因習本有。伽藍！貪者為貪所覆，心無厭足，或殺生，或不與取，或行邪婬，或知已妄言，或復飲酒。伽藍！恚者為恚所覆，心無厭足，或殺生，或不與取，或行邪婬，或知已妄言，或復飲酒。伽藍！癡者為癡所覆，心無厭足，或殺生，或不與取，或行邪婬，或知已妄言，或復飲酒。

「伽藍！多聞聖弟子離殺斷殺，棄捨刀杖，有慚有愧，有慈悲心，饒益一切乃至蜫蟲，彼於殺生淨除其心。伽藍！多聞聖弟子離不與取，斷不與取，與之乃取，樂於與取，常好布施歡喜無悋，不望其報，彼於不與取淨除其心。伽藍！多聞聖弟子離非梵行，斷非梵行，勤修梵行，精勤妙行，清淨無穢，離欲斷婬，彼於非梵行淨除其心。伽藍！多聞聖弟子離妄言，斷妄言，真諦言，樂真諦，住真諦不移動，一切可信不欺世間，彼於妄言淨除其心。

「伽藍！多聞聖弟子離兩舌，斷兩舌，行不兩舌，不破壞他。不聞此語彼，欲破壞此，不聞彼語此，欲破壞彼，離者欲合，合者歡喜，不作群黨，不樂群黨，不稱群黨，彼於兩舌淨除其心。伽藍！多聞聖弟子離麤言，斷麤言。若有所言，辭氣麤獷，惡聲逆耳，眾所不喜，眾所不愛，使他苦惱令不得定，斷如是言。若有所說清和柔潤，順耳入心可喜可愛，使他安樂言聲具了，不使人畏令他得定，說如是言，彼於麤言淨除其心。伽藍！多聞聖弟子離綺語，斷綺語，時說、真說、法說、義說、止息說、樂止息說，事順時得宜，善教善訶，彼於綺語淨除其心。

「伽藍！多聞聖弟子離貪伺，斷貪伺，心不懷諍，見他財物諸生活具，不起貪伺欲令我得，彼於貪伺淨除其心。伽藍！多聞聖弟子離恚斷恚，有慚有愧，有慈悲心，饒益一切乃至蜫蟲，彼於嫉恚淨除其心。伽藍！多聞聖弟子離邪見，斷邪見，行於正見而不顛倒，如是見如是說：有施、有齋，亦有呪說，◎有善惡業☆，有善惡業報，有此世彼世，有父有母，世有真人往至善處，善去善向，此世彼世自知自覺，自作證成就遊。彼於邪見淨除其心。

「如是，伽藍！多聞聖弟子成就身淨業，成就口、意淨業，離恚離諍，除去睡眠，無調貢高，斷疑、度慢，正念正智無有愚癡。彼心與慈俱，遍滿一方成就遊。如是二三四方、四維上下，普周一切，心與慈俱，無結無怨，無恚無諍，極廣甚大，無量善修，遍滿一切世間成就遊。如是悲、喜，心與捨俱，無結無怨，無恚無諍，極廣甚大，無量善修，遍滿一切世間成就遊。

「如是，伽藍！多聞聖弟子心無結無怨，無恚無諍，便得四安隱住處。云何為四？有此世彼世，◎有善惡業☆，有善惡業報，我得此正見相應業，受持具足，身壞命終必至善處，乃生天上。如是，伽藍！多聞聖弟子心無結無怨，無恚無諍，是謂得第一安隱住處。復次，伽藍！無此世彼世，◎無善惡業☆，無善惡業報，如是我於現法中，非以此故為他所毀，但為正智所稱譽，精進人正見人說其有。如是，伽藍！多聞聖弟子心無結無怨，無恚無諍，是謂得第二安隱住處。復次，伽藍！若有所作，必不作惡，我不念惡。所以者何？自不作惡，苦何由生？如是，伽藍！多聞聖弟子心無結無怨，無恚無諍，是謂得第三安隱住處。復次，伽藍！若有所作，必不作惡，我不犯世怖與不怖，常當慈愍一切世間，我心不與眾生共諍，無濁歡悅。如是，伽藍！多聞聖弟子心無結無怨，無恚無諍，是謂得第四安隱住處。如是，伽藍！多聞聖弟子心無結無怨，無恚無諍，是謂得四安隱住處。」

伽藍白世尊曰：「如是，瞿曇！多聞聖弟子心無結無怨，無恚無諍，得四安隱住處。云何為四？有此世彼世，⊙有善惡業☆，有善惡業報，我得此正見相應業，受持具足，身壞命終必至善處，乃至天上。如是，瞿曇！多聞聖弟子心無結無怨，無恚無諍，是謂得第一安隱住處。復次，瞿曇！若無此世彼世，⊙無善惡業☆，無善惡業報，我於現法中，非以此故為他所毀，但為正智所稱譽，精進人正見人說其有。如是，瞿曇！多聞聖弟子心無結無怨，無恚無諍，是謂得第二安隱住處。復次，瞿曇！若有所作，必不作惡，我不念惡。所以者何？自不作惡，苦何由生？如是，瞿曇！多聞聖弟子心無結無怨，無恚無諍，是謂得第三安隱住處。復次，瞿曇！若有所作，必不作惡，我不犯世怖與不怖，常當慈愍一切世間，我心不與衆生共諍，無濁歡悅。如是，瞿曇！多聞聖弟子心無結無怨，無恚無諍，是謂得第四安隱住處。如是，瞿曇！多聞聖弟子心無結無怨，無恚無諍，是謂得四安隱住處。瞿曇！我已知。善逝！我已解。世尊！我等盡壽自歸佛、法及比丘衆，唯願世尊受我等為優婆塞！從今日始，終身自歸，乃至命盡。」

佛說如是，一切伽藍人及諸比丘聞佛所說，歡喜奉行。

伽藍經第六竟一千九百八十七字

(一七)中阿含業相應品伽彌尼經第七伽音巨羅反初一日誦

我聞如是：一時，佛遊那難陀園，在墻村捺林。

爾時阿私羅天有子名伽彌尼，色像巍巍光耀煒曄，夜將向旦往詣佛所，稽首佛足却住一面。阿私羅天子伽彌尼白曰：「世尊！梵志自高，事若干天，若衆生命終者，彼能令自在往來善處，生於天上。世尊為法主，唯願世尊使衆生命終得至善處，生於天中！」

世尊告曰：「伽彌尼！我今問汝，隨所解答。伽彌尼！於意云何？若村邑中或有男女，懈不精進而行惡法，成就十種不善業道，殺生、不與取、邪婬、妄言，乃至邪見。彼命終時，若衆人來，各叉手向稱歎求索，作如是語：『汝等男女，懈不精進而行惡法，成就十種不善業道，殺生、不與取、邪婬、妄言，乃至邪見。汝等因此緣此，身壞命終必至善處，乃生天上。』如是，伽彌尼！彼男女等，懈不精進而行惡法，成就十種不善業道，殺生、不與取、邪婬、妄言，乃至邪見，寧為衆人各叉手向稱歎求索，因此緣此，身壞命終得至善處，生天上耶？」

伽彌尼答曰：「不也，世尊！」

世尊歎曰：「善哉！伽彌尼！所以者何？彼男女等，懈不精進而行惡法，成就十種不善業道，殺生、不與取、邪婬、妄言，乃至邪見，若為衆人各叉手向稱歎求索，因此緣此，身壞命終得至善處，乃生天上者，是處不然。伽彌尼！猶去村不遠有深水淵，於彼有人以大重石擲著水中，若衆人來，各叉手向稱歎求索，作如是語：『願石浮出！◎願石浮出☆！』伽彌尼！於意云何？此大重石寧為衆人各叉手向稱歎求索，因此緣此而當出耶？」

伽彌尼答曰：「不也，世尊！」

「如是，伽彌尼！彼男女等，懈不精進而行惡法，成就十種不善業道，殺生、不與取、邪婬、妄言，乃至邪見，若為衆人各叉手向稱歎求索，因此緣此，身壞命終得至善處，生天上者，是處不然。所以者何？謂此十種不善業道，黑有黑報，自然趣下必至惡處。伽彌尼！於意云何？若村邑中或有男女，精進勤修而行妙法，成十善業道，離殺、斷殺，不與取、邪婬、妄言，乃至離邪見，斷邪見，得正見。彼命終時，若衆人來各叉手向稱歎求索，作如是語：『汝男女等，精進勤修而行妙法，成十善業道，離殺、斷殺，不與取、邪婬、妄言，乃至離邪見，斷邪見，得正見。汝等因此緣此，身壞命終當至惡處，生地獄中。』伽彌尼！於意云何？彼男女等，精進勤修而行妙法，成十善業道，離殺、斷殺，不與取、邪婬、妄言，乃至離邪見，斷邪見，得正見，寧為衆人各叉手向稱歎求索，因此緣此，身壞命終得至惡處，生地獄中耶？」

伽彌尼答曰：「不也，世尊！」

世尊歎曰：「善哉！伽彌尼！所以者何？伽彌尼！彼男女等，精進勤修而行妙法，成十善業道，離殺、斷殺，不與取、邪婬、妄言，乃至離邪見，斷邪見，得正見，若為衆人各叉手向稱歎求索，因此緣此，身壞命終得*至惡處，生地獄中者，是處不然。所以者何？伽彌尼！謂此十善業道，白有白報，自然昇上必至善處。伽彌尼！猶去村不遠有深水淵，於彼有人以酥油瓶投水而破，滓瓦沈下酥油浮上。如是，伽彌尼！彼男女等，精進勤修而行妙法，成十善業道，離殺、斷殺，不與取、邪婬、*妄言，乃至離邪見，斷邪見，得正見。彼命終時，謂身麤色四大之種從父母生，衣食長養，坐臥按摩，澡浴強忍，是破壞法，是滅盡法，離散之法。彼命終後，或烏鳥啄，或虎狼食，或燒或埋，盡為粉塵。彼心、意、識常為信所熏，為精進、多聞、布施、智慧所熏，彼因此緣此，自然昇上生於善處。

「伽彌尼！彼殺生者，離殺、斷殺，園觀之道，昇進之道，善處之道。伽彌尼！不與取、邪婬、妄言，乃至邪見者，離邪見，得正見，園觀之道，昇進之道，善處之道。伽彌尼！復有園觀之道，昇進之道，善處之道。伽彌尼！云何復有園觀之道，昇進之道，善處之道？謂八支聖道，正見乃至正定，是為八。伽彌尼！是謂復有園觀之道，昇進之道，善處之道。」

佛說如是，伽彌尼及諸比丘聞佛所說，歡喜奉行。

伽彌尼經第七竟千二百一十三字

中阿含經卷第三一萬二百四十七字

中阿含經卷第四

東晉罽賓三藏瞿曇僧伽提婆譯

（一八）業相應品師子經第八初一日誦

我聞如是：一時，佛遊鞞舍離，在獼猴水邊高樓臺觀。

爾時眾多鞞舍離麗掣集在聽堂，數稱歎佛，數稱歎法及比丘眾。

彼時尼乾弟子師子大臣亦在眾中，是時師子大臣欲往見佛，供養禮事，師子大臣則先往詣諸尼乾所，白尼乾曰：「諸尊！我欲往見沙門瞿曇。」

彼時尼乾訶師子曰：「汝莫欲見沙門瞿曇！所以者何？沙門瞿曇宗本不可作，亦為人說不可作法。師子！若見宗本不可作則不吉利，供養禮事亦不吉利。」

彼眾多鞞舍離麗掣再三集在聽堂，數稱歎佛，數稱歎法及比丘眾。彼時尼乾弟子師子大臣亦再三在彼眾中，時師子大臣亦復再三欲往見佛，供養禮事。

師子大臣便不辭尼乾，即往詣佛共相問訊，却坐一面而作是語：「我聞沙門瞿曇宗本不可作，亦為人說不可作法。瞿曇！若如是說：『沙門瞿曇宗本不可作，亦為人說不可作法。』彼不謗毀沙門瞿曇耶？

彼說真實耶？彼說是法耶？彼說法如法耶？於如法無過、無難詰耶？」世尊答曰：「師子！若如是說：『沙門瞿曇宗本不可作，亦為人說不可作法。』彼不謗毀沙門瞿曇，彼說真實，彼說是法，彼說如法，於法無過，亦無難詰。所以者何？師子！有事因此事故，於如實法不能謗毀；沙門瞿曇宗本不可作，亦為人說不可作法。師子！復有事因此事故，於如實法不能謗毀；沙門瞿曇宗本可作，亦為人說可作之法。師子！復有事因此事故，於如實法不能謗毀；沙門瞿曇宗本斷滅，亦為人說斷滅之法。師子！復有事因此事故，於如實法不能謗毀；沙門瞿曇宗本可惡，亦為人說可憎惡法。師子！復有事因此事故，於如實法不能謗毀；沙門瞿曇宗本法律，亦為人說法律之法。師子！復有事因此事故，於如實法不能謗毀：沙門瞿曇宗本苦行，亦為人說苦行之法。師子！復有事因此事故，於如實法不能謗毀：沙門瞿曇宗本不入於胎，亦為人說不入胎法。師子！復有事因此事故，於如實法不能謗毀：沙門瞿曇宗本安隱，亦為人說安隱之法。

「師子！云何有事因此事故，於如實法不能謗毀：沙門瞿曇宗本不可作，亦為人說不可作法？師子！我說身惡行不可作，口、意惡行亦不可作。師子！若如是比無量不善穢汚之法，為當來有本，煩熱苦報，生老病死因。師子！我說此法盡不可作。師子！是謂有事因此事故，於如實法不能謗毀：沙門瞿曇宗本不可作，亦為人說不可作法。

「師子！云何復有事因此事故，於如實法不能謗毀：沙門瞿曇宗本可作，亦為人說可作之法？師子！我說身妙行可作，口、意妙行亦可作。師子！若如是比無量善法與樂果，受於樂報，生於善處而得長壽。師子！我說此法盡應可作。師子！是謂有事因此事故，不能謗毀；沙門瞿曇宗本可作，亦為人說可作之法。

「師子！云何復有事因此事故，於如實法不能謗毀；沙門瞿曇宗本斷滅，亦為人說斷滅之法？師子！我說身惡行應斷滅，口、意惡行亦應斷滅。師子！若如是比無量不善穢汙之法，為當來有本，煩熱苦報，生老病死因。師子！我說此法盡應斷滅。

「師子！是謂有事因此事故，於如實法不能謗毀；沙門瞿曇宗本斷滅，亦為人說斷滅之法。師子！云何復有事因此事故，於如實法不能謗毀;沙門瞿曇宗本可惡，亦為人說可憎惡法？師子！我說身惡行可憎惡，口、意惡行亦可憎惡。師子！若如是比無量不善穢汙之法，為當來有本，煩熱苦報，生老病死因。師子！我說此法盡可憎惡。師子！是謂有事因此事故，於如實法不能謗毀;沙門瞿曇宗本可惡，亦為人說可憎惡法。

「師子！云何復有事因此事故，於如實法不能謗毀;沙門瞿曇宗本法律，亦為人說法律之法？師子！我為斷貪婬故而說法律，斷瞋恚、愚癡故而說法律。師子！若如是比無量不善穢汙之法，為當來有本，煩熱苦報，生老病死因。師子！我為斷彼故而說法律。師子！是謂有事因此事故，於如實法不能謗毀;沙門瞿曇宗本法律，亦為人說法律之法。

「師子！云何復有事因此事故，於如實法不能謗毀；沙門瞿曇宗本苦行，亦為人說苦行之法？師子！或有沙門、梵志裸形無衣，或以手為衣，或以葉為衣，或以珠為衣。或不以瓶取水，或不以魁取水。不食刀杖劫抄之食，不食欺妄食。不自往，不遣信，不來尊，不善尊，不住尊。若有二人食，不在中食。不懷妊家食，不畜狗家食。設使家有糞蠅飛來，便不食也。不噉魚，不食肉，不飲酒。不飲惡水，或都無所飲，學無飲行。或噉一口，以一口為足，或二口，三、四乃至七口，以七口為足。或食一得，以一得為足，或二、三、四乃至七得，以七得為足。或日一食，以一食為足。或二、三、四、五、六、七日、半月、一月一食，以一食為足。或食菜茹，或食稗子，或食穄米，或食雜麵，或食頭頭邏食，或食麤食。或至無事處，依於無事。或食根，或食果，或食自落果。或持連合衣，或持毛衣，或持頭舍衣，或持毛頭舍衣。或持全皮，或持穿皮，或持全穿皮。或持散髮，或持編髮，或持散編髮。或有剃髮，或有剃鬚，或剃鬚髮。或有拔髮，或有拔鬚，或拔鬚髮。或住立斷坐，或修蹲行。或有臥刺，以刺為床；或有臥果，以果為床。或有事水，晝夜手抒；或有事火，竟昔然之；或事日、月尊祐大德，叉手向彼。如此之比受無量苦，學煩熱行。師子！有此苦行我不說無。師子！然此苦行為下賤業，至苦至困，凡人所行，非是聖道。師子！若有沙門、梵志，彼苦行法知斷滅盡，拔絕其根至竟不生者，我說彼苦行。師子！如來、無所著、等正覺，彼苦行法知斷滅盡，拔絕其根至竟不生，是故我苦行。師子！是謂有事因此事故，於如實法不能謗毀；沙門瞿曇宗本苦行，亦為人說苦行之法。

「師子！云何復有事因此事故，於如實法不能謗毀；沙門瞿曇宗本不入於胎，亦為人說不入胎法？師子！若有沙門、梵志，當來胎生知斷滅盡，拔絕其根至竟不生者，我說彼不入於胎。師子！如來、無所著、等正覺，當來有胎生知斷滅盡，拔絕其根至竟不生，是故我不入於胎。師子！是謂有事因此事故，於如實法不能謗毀；沙門瞿曇宗本不入於胎，亦為人說不入胎法。

「師子！云何復有事因此事故，於如實法不能謗毀；沙門瞿曇宗本安隱，亦為人說安隱之法？師子！族姓子所*為剃除鬚髮，著袈裟衣，至信捨家，無家學道者，唯無上梵行訖。我於現法自知自覺，自作證成就遊：生已盡，梵行已立，所作已辦，不更受有，知如真。我自安隱，亦安隱他比丘、比丘尼、優婆塞、優婆夷。我已安彼，便為生法眾生，於生法解脫；老法、病法、死法，憂慼染汙法眾生，於憂慼染污法解脫。師子！是謂有事因此事故，於如實法不能謗毀：沙門瞿曇宗本安隱，亦為人說安隱之法。」

師子大臣白世尊曰：「瞿曇！我已知。善逝！我已解。瞿曇！猶明目人，覆者仰之，覆者發之，迷者示道，闇中施明，若有眼者便見於色。沙門瞿曇亦復如是，為我無量方便說法、現義，隨其諸道。世尊！我今自歸於佛、法及比丘衆，唯願世尊受我為優婆塞！從今日始，終身自歸，乃至命盡。世尊！猶如有人養不良馬，望得其利，徒自疲勞而不獲利。世尊！我亦如是，彼愚癡尼乾不善曉了，不能自知，不識良田而不自審，長夜奉敬供養禮事，望得其利，唐苦無益。世尊！我今再自歸佛、法及比丘衆，唯願世尊受我為優婆塞！從今日始，終身自歸，乃至命盡。世尊！我本無知，於愚癡尼乾有信有敬，從今日斷。所以者何？欺誑我故。世尊！我今三自歸佛、法及比丘衆，唯願世尊受我為優婆塞！從今日始，終身自歸，乃至命盡。」

佛說如是，師子大臣及諸比丘聞佛所說，歡喜奉行。

師子經第八竟二千四百二十三字

（一九）中阿含業相應品尼乾經第九初一日誦

我聞如是：一時，佛遊釋羈瘦，在天邑中。

爾時世尊告諸比丘：「諸尼乾等如是見，如是說：『謂人所受皆因本作，若其故業因苦行滅不造新者，則諸業盡，諸業盡已則得苦盡，得苦盡已則得苦邊。』我便往彼，到已即問：『尼乾！汝等實如是見，如是說：謂人所受皆因本作，若其故業因苦行滅不造新者，則諸業盡，諸業盡已則得苦盡，得苦盡已則得苦邊耶？』彼答我言：『如是，瞿曇！』我復問彼尼乾：『汝等自有淨智：我為本有，我為本無，我為本作惡，為不作惡，我為爾所苦盡，為爾所苦不盡；若盡已，便得盡，即於現世斷諸不善，得衆善法，修習作證耶？』彼答我言：『不也，瞿曇！』

「我復語彼尼乾：『汝等自無淨智：我為本有，我為本無，我為本作惡，為不作惡，我為爾所苦盡，為爾所苦不盡；若盡已，便得盡，即於現世斷諸不善，得衆善法，修習作證。而作是說：謂人所受皆因本作，若其故業因苦行滅不造新者，則諸業盡，諸業盡已則得苦盡，得苦盡已則得苦邊。尼乾！若汝等自有淨智：我為本有，我為本無，我為本作惡，為不作惡，我為爾所苦盡，為爾所苦不盡；若盡已，便得盡，即於現世斷諸不善，得衆善法，修習作證。尼乾！汝等可得作是說：謂人所受皆因本作，若其故業因苦行滅不造新者，則諸業盡，諸業盡已則得苦盡，得苦盡已則得苦邊。

「『尼乾！猶如有人身被毒箭，因被毒箭則生極苦。彼為親屬憐念愍傷，欲饒益安隱故，即呼拔箭金醫。箭金醫來，便以利刀而為開瘡，因開瘡時復生極苦。既開瘡已而求箭金，求箭金時復生極苦。求得金已即便拔出，因拔出時復生極苦。拔金出已*覆瘡纏裹，因裹瘡時復生極苦。彼於拔箭金後得力無患，不壞諸根平復如故。尼乾！彼人自有淨智，便作是念：我本被毒箭，因被毒箭則生極苦。我諸親屬見憐念愍傷，欲饒益安隱我故，即呼拔箭金醫。箭金醫來，便以利刀為我開瘡，因開瘡時復生極苦。既開瘡已而求箭金，求箭金時復生極苦。求得金已即便拔出，因拔出時復生極苦。拔金出已薄瘡纏裹，因裹瘡時復生極苦。我於拔箭金後得力無患，不壞諸根平復如故。

「『如是，尼乾！若汝等自有淨智：我為本有，我為本無，我為本作惡，為不作惡，我為爾所苦盡，為爾所苦不盡；若盡已，便得盡，即於現世斷諸不善，得眾善法，修習作證。尼乾！汝等可得作是說：謂人所受皆因本作，若其故業因苦行滅不造新者，則諸業盡，諸業盡已則得苦盡，得苦盡已則得苦邊。』我問如是，不見諸尼乾能答我言：『瞿曇！如是，不如是。』

「復次，我問諸尼乾曰：『若諸尼乾有上斷、上苦行，爾時諸尼乾生上苦耶？』彼答我言：『如是，瞿曇！』『若有中斷、中苦行，爾時諸尼乾生中苦耶？』彼答我言：『如是，瞿曇！』『若有下斷、下苦行，爾時諸尼乾生下苦耶？』彼答我言：『如是，瞿曇！』『是為諸尼乾有上斷、上苦行，爾時諸尼乾則生上苦；有中斷、中苦行，爾時諸尼乾則生中苦；有下斷、下苦行，爾時諸尼乾則生下苦。若使諸尼乾有上斷、上苦行，爾時諸尼乾止息上苦；有中斷、中苦行，爾時諸尼乾止息中苦；有下斷、下苦行，爾時諸尼乾止息下苦。若如是作、不如是作，止息極苦甚重苦者，當知諸尼乾即於現世作苦。但諸尼乾為癡所覆，為癡所纏，而作是說：謂人所受皆因本作，若其故業因苦行滅不造新者，則諸業盡，諸業盡已則得苦盡，得苦盡已則得苦邊。』我問如是，不見諸尼乾能答我言：『瞿曇！如是，不如是。』

「復次，我問諸尼乾曰：『諸尼乾！若有樂報業，彼業寧可因斷、因苦行，轉作苦報耶？』彼答我言：『不也，瞿曇！』『諸尼乾！若有苦報業，彼業寧可因斷、因苦行，轉作樂報耶？』彼答我言：『不也，瞿曇！』『諸尼乾！若有現法報業，彼業寧可因斷、因苦行，轉作後生報耶？』彼答我言：『不也，瞿曇！』『諸尼乾！若有後生報業，彼業寧可因斷、因苦行，轉作現法報耶？』彼答我言：『不也，瞿曇！』『諸尼乾！若有不熟報業，彼業寧可因斷、因苦行，轉作熟報耶？』彼答我言：『不也，瞿曇！』『諸尼乾！若有熟報業，彼業寧可因斷、因苦行，轉作異耶？』彼答我言：『不也，瞿曇！』『諸尼乾！是為樂報業，彼業不可因斷、因苦行，轉作苦報。諸尼乾！苦報業，彼業不可因斷、因苦行，轉作樂報。諸尼乾！現法報業，彼業不可因斷、因苦行，轉作後生報。諸尼乾！後生報業，彼業不可因斷、因苦行，轉作現法報。諸尼乾！不熟業，彼業不可因斷、因苦行，轉作熟報。諸尼乾！熟報業，彼業不可因斷、因苦行，轉作異者。以是故諸尼乾◎等虛妄方便，空斷無獲。』

「彼諸尼乾便報我言：『瞿曇！我有尊師，名親子尼乾，作如是說：諸尼乾！汝等若本作惡業，彼業皆可因此苦行而得滅盡；若今護身、口、意，因此不復更作惡業也。』我復問彼諸尼乾曰：『汝等信尊師親子尼乾，不疑惑耶？』彼答我言：『瞿曇！我信尊師親子尼乾，無有疑惑。』我復語彼諸尼乾曰：『有五種法現世二報，信、樂、聞、念、見善觀。諸尼乾！人自有虛妄言，是可信、可樂、可聞、可念、可見善觀耶？』彼答我言：『如是，瞿曇！』我復語彼諸尼乾曰：『是虛妄言，何可信？何可樂？何可聞？何可念？何可善觀？謂人自有虛妄言，有信、有樂、有聞、有念、有善觀。』

「若諸尼乾作是說者，於如法中得五詰責，為可憎惡。云何為五？今此眾生所受苦樂皆因本作，若爾者，諸尼乾等本作惡業。所以者何？因彼故，諸尼乾於今受極重苦，是謂尼乾第一可憎惡。復次，眾生所受苦樂皆因合會，若爾者，諸尼乾等本惡合會。所以者何？因彼故，諸尼乾於今受極重苦，是謂尼乾第二可憎惡。復次，眾生所受苦樂皆因為命，若爾者，諸尼揵等本惡為命。所以者何？因彼故，諸尼乾於今受極重苦，是謂尼乾第三可憎惡。復次，眾生所受苦樂皆因見也，若爾者，諸尼乾等本有惡見。所以者何？因彼故，諸尼乾於今受極重苦，是謂尼乾第四可憎惡。復次，衆生所受苦樂皆因尊祐造，若爾者，諸尼乾等本惡尊祐，所以者何？因彼故，諸尼乾於今受極重苦，是謂尼乾第五可憎惡。若諸尼乾因本所作惡業、惡合會、惡為命、惡見、惡尊祐，為惡尊祐所造；因彼故，諸尼乾於今受極重苦，是謂因彼事故，諸尼乾等為可憎惡。

「我所自知、自覺法為汝說者，若沙門、梵志，若天、魔、梵及餘世間皆無能伏，皆無能穢，皆無能制。云何我所自知、自覺法為汝說者，非為沙門、梵志，若天、魔、梵及餘世間所能伏，所能穢，所能制？若有比丘捨身不善業，修身善業；捨口、意不善業，修口、意善業，彼於未來苦，便自知我無未來苦，如法得樂而不棄捨。彼或欲斷苦因行欲，或欲斷苦因行捨欲。彼若欲斷苦因行欲者，即修其行，欲已斷者苦便得盡。彼若欲斷苦因行捨欲者，即修其行捨欲，已斷者苦便得盡。若彼比丘便作是念：『隨所為，隨所行，不善法生而善法滅。若自斷苦，不善法滅而善法生，我今寧可自斷其苦。』便自斷苦，自斷苦已，不善法滅而善法生，不復斷苦。所以者何？比丘！本所為者其義已成，若復斷苦是處不然。

「比丘！猶如箭工用檢撓箭，其箭已直不復用檢。所以者何？彼人本所為者其事已成，若復用檢是處不然。如是比丘便作是念：『隨所為，隨所行，不善法生而善法滅。若自斷苦，不善法滅而善法生，我今寧可自斷其苦。』便自斷苦，自斷苦已，不善法滅而善法生，不復斷苦。所以者何？本所為者其義已成，若復斷苦是處不然。比丘！猶如有人愛念染著敬待彼女，然彼女人更與他語，共相問訊往來止宿，其人因是身心生苦惱，極憂慼耶？」

比丘答曰：「如是，世尊！」

「所以者何？其人於女愛念染著，極相敬待，而彼女人更與他語，共相問訊往來止宿，其人身心何得不生苦惱憂慼？比丘！若使其人而作是念：『我唐愛念敬待彼女，然彼女人更與他語，共相問訊往來止宿，我今寧可因自苦自憂故，斷為彼女愛念染著耶？』其人於後因自苦自憂故，便斷為彼女愛念染著。若彼女人故與他語，共相問訊往來止宿，其人於後，身心寧當復生苦惱極憂慼耶？」

比丘答曰：「不也，世尊！」

「所以者何？其人於女無復愛念染著之情，若彼女人故與他語，共相問訊往來止宿，若使其人因此身心復生苦惱極憂慼者，是處不然。如是比丘便作是念：『隨所為，隨所行，不善法生而善法滅。若自斷其苦，不善法滅而善法生，我今寧可自斷其苦。』便自斷苦，自斷苦已，不善法滅而善法生，不復斷苦。所以者何？本所為者其義已成，若復斷苦是處不然。彼復作是念：『若有所因，斷其苦者，我便已斷，然我於欲猶故未斷，我今寧可求斷於欲。』便求斷欲，彼為斷欲故，獨住遠離在無事處，或至樹下空安靜處，山巖石室、露地穰積，或至林中，或在塚間。彼已在無事處，或至樹下空安靜處，敷尼師檀，結*跏趺坐，正身正願，反念不向，斷除貪伺，心無有諍，見他財物諸生活具，不起貪伺欲令我得，彼於貪伺淨除其心。如是瞋恚、睡眠、掉悔，斷疑、度惑，於諸善法無有猶豫，彼於疑惑淨除其心。

「彼已斷此五蓋，心穢、慧羸，離欲、離惡不善之法，至得第四禪成就遊。彼得如是定心清淨，無穢、無煩，柔軟善住，得不動心，趣向漏盡智通作證，彼便知此苦如真，知此苦習，知此苦滅，知此苦滅道如真，亦知此漏如真，知此漏習，知此漏滅，知此漏滅道如真。彼如是知，如是見已，則欲漏心解脫，有漏、無明漏心解脫。解脫已，便知解脫：生已盡，梵行已立，所作已辦，不更受有，知如真。

「如來如是正心解脫，得五稱譽，如法無諍，可愛可敬。云何為五？彼衆生者，所受苦樂皆因本作，若爾者，如來本有妙業，因彼故，如來於今聖無漏樂，寂靜止息而得樂覺，是謂如來得第一稱譽。復次，衆生所受苦樂皆因合會，若爾者，如來本妙合會，因彼故，如來於今聖無漏樂，寂靜止息而得樂覺，是謂如來得第二稱譽。復次，衆生所受苦樂皆因為命，若爾者，如來本妙為命，因彼故，如來於今聖無漏樂，寂靜止息而得樂覺，是謂如來得第三稱譽。復次，衆生所受苦樂皆因見也，若爾者，如來本妙見，因彼故，如來於今聖無漏樂，寂靜止息而得樂覺，是謂如來得第四稱譽。復次，衆生所受苦樂皆因尊祐造，若爾者，如來本妙尊祐，因彼故，如來於今聖無漏樂，寂靜止息而得樂覺，是謂如來得第五稱譽。是為如來本妙業、妙合會、妙為命、妙見、妙尊祐，為妙尊祐所造；因彼故，如來於今聖無漏樂，寂靜止息而得樂覺。以此事故，如來於今得五稱譽。

「有五因緣心生憂苦。云何為五？婬欲纏者，因婬欲纏故心生憂苦。如是瞋恚、睡眠、掉悔、疑惑纏者，因疑惑纏故心生憂苦，是謂五因緣心生憂苦。有五因緣心滅憂苦。云何為五？若婬欲纏者，因婬欲纏故心生憂苦，除婬欲纏已憂苦便滅。因婬欲纏心生憂苦，於現法中而得究竟，無煩無熱，常住不變，是聖所知、聖所見。如是瞋恚、睡眠、掉悔、若疑惑纏者，因疑惑纏故心生憂苦，除疑惑纏已憂苦便滅。因疑惑纏心生憂苦，於現法中而得究竟，無煩無熱，常住不變，是聖所知、聖所見，是謂五因緣心滅憂苦。

「復次，更有現法而得究竟，無煩無熱，常住不變，是聖所知、聖所見。云何更有現法而得究竟，無煩無熱，常住不變，是聖所知、聖所見？謂八支聖道，正見乃至正定，是為八。是謂更有現法而得究竟，無煩無熱，常住不變，是聖所知、聖所見。」

佛說如是，彼諸比丘聞佛所說，歡喜奉行。

尼乾經第九竟 三千六百

(二〇)中阿含業相應品波羅牢經第十 初一日誦

我聞如是：一時，佛遊拘麗瘦，與大比丘衆俱，往至北村，住北村北尸攝惒林中。

爾時波羅牢伽彌尼，聞沙門瞿曇釋種子捨釋宗族，出家學道，遊拘麗瘦，與大比丘衆俱，至此北村，住北村北尸攝惒林中。彼沙門瞿曇有大名稱，周聞十方，沙門瞿曇如來、無所著、等正覺、明行成為、善逝、世間解、無上士、道法御、天人師、號佛、衆祐，彼於此世，天及魔、梵、沙門、梵志，從人至天，自知自覺，自作證成就遊。彼若說法，初善、中善、竟亦善，有義有文，具足清淨，顯現梵行。若見如來、無所著、等正覺，尊重禮拜供養承事者，快得善利。彼作是念：「我應往見沙門瞿曇，禮事供養。」

波羅牢伽彌尼聞已，從北村出，北行至尸攝惒林，欲見世尊禮事供養。波羅牢伽彌尼遙見世尊在林樹間，端正姝好猶星中月，光曜暐曄晃若金山，相好具足威神巍巍，諸根寂定無有蔽礙，成就調御息心靜默。

波羅牢伽彌尼遙見佛已，前至佛所共相問訊，却坐一面白世尊曰：「我聞沙門瞿曇知幻是幻，瞿曇！若如是說：『沙門瞿曇知幻是幻。』彼不謗毀沙門瞿曇耶？彼說真實耶？彼說是法耶？彼說法如法耶？於如法無過無難詰耶？」

世尊答曰：「伽彌尼！若如是說：『沙門瞿曇知幻是幻。』彼不謗毀沙門瞿曇，彼說真實，彼說是法，彼說法如法，於法無過，亦無難詰。所以者何？伽彌尼！我知彼幻，我自非幻。」

波羅牢說曰：「彼沙門、梵志所說真實，而我不信彼說沙門瞿曇知幻是幻。」

世尊告曰：「伽彌尼！若知幻者，即是幻耶？」

波羅牢白曰：「如是，世尊！如是，善逝！」

世尊告曰：「伽彌尼！汝莫自誤，謗毀於我！若謗毀我者，則便自損，有諍有犯，聖賢所惡，而得大罪。所以者何？此實不如汝之所說。伽彌尼！汝聞拘麗瘦有卒耶？」

答曰：「聞有。」

「伽彌尼！於意云何？拘麗瘦用是卒為？」

答曰：「瞿曇！通使殺賊，為此事故，拘麗瘦畜是卒也。」

「伽彌尼！於意云何？拘麗瘦卒為有戒？為無戒耶？」

答曰：「瞿曇！若世間有無戒德者，無過拘麗瘦卒，所以者何？拘麗瘦卒極犯禁戒，唯行惡法。」

復問：「伽彌尼！汝如是見、如是知，我不問汝。若他問汝：『波羅牢伽彌尼知拘麗瘦卒極犯禁戒，唯行惡法；因此事故，波羅牢伽彌尼極犯禁戒，唯行惡法。』若如是說，為真說耶？」

答曰：「非也，瞿曇！所以者何？拘麗瘦卒見異、欲異，所願亦異，拘麗瘦卒極犯禁戒，唯行惡法；我極持戒，不行惡法。」

復問：「伽彌尼！汝知拘麗瘦卒極犯禁戒，唯行惡法，然不以此為犯禁戒，唯行惡法，如來何以不得知幻而自非幻？所以者何？我知幻，知幻人，知幻報，知斷幻。伽彌尼！我亦知殺生，知殺生人，知殺生報，知斷殺生。伽彌尼！我知不與取，知不與取人，知不與取報，知斷不與取。伽彌尼！我知妄言，知妄言人，知妄言報，知斷妄言。伽彌尼！我如是知、如是見，若有作是說：沙門瞿曇知幻即是幻者，彼未斷此語，聞彼心、彼欲、彼願、彼聞、彼念、彼觀，如屈伸臂頃，命終生地獄中。」

波羅牢伽彌尼聞已，怖懼戰慄身毛皆竪，即從坐起頭面禮足，長跪叉手白世尊曰：「悔過！瞿曇！自*首，善逝！如愚、如癡、如不定、如不善。所以者何？我以妄說沙門瞿曇是幻。唯願瞿曇受我悔過，見罪發露。我悔過已，護不更作。」

世尊告曰：「如是，伽彌尼！汝實如愚、如癡、如不定、如不善。所以者何？謂汝於如來、無所著、等正覺妄說是幻。然汝能悔過，見罪發露，護不更作。如是，伽彌尼！若有悔過，見罪發露，護不更作者，則長養聖法而無有失。」

於是波羅牢伽彌尼叉手向佛白世尊曰：「瞿曇！有一沙門、梵志，如是見、如是說：『若有殺生者，彼一切即於現法受報，因彼生憂苦；若有不與取、妄言，彼一切即於現法受報，因彼生憂苦。』沙門瞿曇！於意云何？」

世尊告曰：「伽彌尼！我今問汝，隨所解答。伽彌尼！於意云何？若村邑中或有一人，頭冠華鬘雜香塗身，而作倡樂歌舞自娛，唯作女妓歡樂如王。若有問者：『此人本作何等，今頭冠華鬘雜香塗身，而作倡樂歌舞自娛，唯作女妓歡樂如王？』或有答者：『此人為王殺害怨家，王歡喜已即與賞賜，是以此人頭冠華鬘雜香塗身，而作倡樂歌舞自娛，唯作女妓歡樂如王。』伽彌尼！汝如是見、如是聞不？」

答曰：「見也，瞿曇！已聞、當聞。」

「伽彌尼！又復見王收捕罪人反縛兩手，打鼓唱令出南城門，坐高標下而梟其首。若有問者：『此人何罪，為王所戮？』或有答者：『此人枉殺王家無過之人，是以王教如是行刑。』伽彌尼！汝如是見、如是聞不？」

答曰：「見也，瞿曇！已聞、當聞。」

「伽彌尼！若有沙門、梵志，如是見、如是說：『若有殺生，彼一切即於現法受報，因彼生憂苦。』彼為真說？為虛妄言？」

答曰：「妄言，瞿曇！」

「若彼說妄言，汝意信不？」

答曰：「不信也，瞿曇！」

世尊歎曰：「善哉！善哉！伽彌尼！」

復問：「伽彌尼！於意云何？若村邑中或有一人，頭冠華鬘雜香塗身，而作倡樂歌舞自娛，唯作女妓歡樂如王。若有問者：『此人本作何等，今頭冠華鬘雜香塗身，而作倡樂歌舞自娛，唯作女妓歡樂如王？』或有答者：『此人於他國中而不與取，是以此人頭冠華鬘雜香塗身，而作倡樂歌舞自娛，唯作女妓歡樂如王。』伽彌尼！汝如是見、如是聞不？」

答曰：「見也，瞿曇！已聞、當聞。」

「伽彌尼！又復見王收捕罪人反縛兩手，打鼓唱令出南城門，坐高標下而梟其首。若有問者：『此人何罪，為王所戮？』或有答者：『此人於王國而不與取，是以王教如是行刑。』伽彌尼！汝如是見、如是聞不？」

答曰：「見也，瞿曇！已聞、當聞。」

「伽彌尼！若有沙門、梵志，如是見、如是說：『若有不與取，彼一切即於現法受報，因彼生憂苦。』彼為真說？為虛妄言？」

答曰：「妄言，瞿曇！」

「若彼說妄言，汝意信不？」

答曰：「不信也，瞿曇！」

世尊歎曰：「善哉！善哉！伽彌尼！」

復問：「伽彌尼！於意云何？若村邑中或有一人，頭冠華鬘雜香塗身，而作倡樂歌舞自娛，唯作女妓歡樂如王。若有問者：『此人本作何等，今頭冠華鬘雜香塗身，而作倡樂歌舞自娛，唯作女妓歡樂如王？』或有答者：『此人作妓能戲調笑，彼以妄言令王歡喜。王歡喜已即與賞賜，是以此人頭冠華鬘雜香塗身，而作倡樂歌舞自娛，唯作女妓歡樂如王。』伽彌尼！汝如是見、如是聞不？」

答曰：「見也，瞿曇！已聞、當聞。」

「伽彌尼！又復見王收捕罪人用棒打殺，盛以木檻，露車載之，出北城門棄著壍中。若有問者：『此人何罪，為王所殺？』或有答者：『此人在王前妄有所證，彼以妄言欺誑於王，是以王教取作如是。』伽彌尼！汝如是見、如是聞不？」

答曰：「見也，瞿曇！已聞、當聞。」

「伽彌尼！於意云何？若有沙門、梵志，如是見、如是說：『若有妄言，彼一切即於現法受報，因彼生憂苦。』彼為真說？為虛妄言？」

答曰：「妄言，瞿曇！」

「若彼說妄言，汝意信不？」

答曰：「不信也，瞿曇！」

世尊歎曰：「善哉！善哉！伽彌尼！」

於是波羅牢伽彌尼即從坐起，偏袒著衣叉手向佛，白世尊曰：「甚奇！瞿曇！所說極妙，善喻善證。瞿曇！我於北村中造作高堂，敷設床褥，安立水器，然大明燈。若有精進沙門、梵志來宿高堂，我隨其力供給所須。有四論士所見各異，更相違反，來集高堂。於中論士如是見、如是說：『無施無齋，無有呪說，無善惡業，無善惡業報，無此世彼世，無父無母，世無真人往至善處，善去善向，此世彼世自知自覺，自作證成就遊。』

「第二論士而有正見，反第一論士所見、所知，如是見、如是說

：『有施有齋，亦有呪說，有善惡業，有善惡業報，有此世彼世，有父有母，世有真人往至善處，善去善向，此世彼世自知自覺，自作證成就遊。』

「第三論士如是見、如是說：『自作、教作，自斷、教斷，自煮、教煮，愁煩憂慼，搥胸懊惱，啼哭愚癡，殺生、不與取、邪婬、妄言、飲酒，穿墻開藏，至他巷劫，害村壞邑，破城滅國，作如是者為不作惡。又以鐵輪利如剃刀，彼於此地一切衆生，於一日中斫截斬剉，剝裂𠜾割，作一肉段，一分一積；因是無惡業，因是無惡業報。恒水南岸殺、斷、煮，去恒水北岸施與作齋，呪說而來；因是無罪無福，因是無罪福報。施與、調御、守護、攝持、稱譽、饒益、惠施、愛言、利及等利，因是無福，因是無福報。』

「第四論士而有正見，反第三論士所知、所見，如是見、如是說：『自作、教作，自斷、教斷，自煮、教煮，愁煩憂慼，搥胸懊惱，啼哭愚癡，殺生、不與取、邪婬、妄言、飲酒，穿墻開藏，至他巷劫，害村壞邑，破城滅國，作如是者實為作惡。又以鐵輪利如剃刀，彼於此地一切眾生，於一日中斫截斬剉，剝裂削割，作一肉段，一分一積；因是有惡業，因是有惡業報。恒水南岸殺、斷、煮，去恒水北岸施與作齋，呪說而來；因是有罪有福，因是有罪福報。施與、調御、守護、攝持、稱譽、饒益、惠施、愛言、利及等利，因是有福，因是有福報。』瞿曇！我聞是已，便生疑惑，此沙門、梵志，誰說真實？

誰說虛妄？」

世尊告*曰：「伽彌尼！汝莫生疑惑。所以者何？因有疑惑便生猶豫。伽彌尼！汝自無淨智，為有後世？為無後世？伽彌尼！汝又無淨智，所作為惡？所作為善？伽彌尼！有法之定名曰遠離，汝因此定可得正念，可得一心，如是汝於現法便斷疑惑，而得昇進。」

於是波羅牢伽彌尼復從坐起，偏袒著衣，叉手向佛，白世尊曰：「瞿曇！云何法定名曰遠離，令我因此可得正念，可得一心，如是我於現法便斷疑惑，而得昇進？」

世尊告曰：「伽彌尼！多聞聖弟子離殺斷殺，斷不與取、邪婬、妄言，至斷邪見，得正見。彼於晝日教田作耕稼，至暮放息，入室坐定，過夜曉時而作是念：『我離殺斷殺，斷不與取、邪婬、妄言，至斷邪見，得正見。』彼便自見：『我斷十惡業道，念十善業道。』彼自見斷十惡業道，念十善業道已，便生歡悅。生歡悅已，便生於喜。生於喜已，便止息身。止息身已，便身覺樂。身覺樂已，便得一心。「伽彌尼！多聞聖弟子得一心已，則心與慈俱，遍滿一方成就遊。如是二三四方、四維上下，普周一切心與慈俱，無結無怨，無恚無諍，極廣甚大，無量善修，遍滿一切世間成就遊。彼作是念：『若有沙門、梵志，如是見、如是說：「無施無齋，無有呪說，無善惡業，無善惡業報，無此世彼世，無父無母，世無真人往至善處，善去善向，此世彼世自知自覺，自作證成就遊。」若彼沙門、梵志所說真實者，我不犯世怖與不怖，常當慈愍一切世間。我心不與衆生共諍，無濁歡悅。我今得無上人上之法，昇進得安樂居，謂遠離法定。』彼沙門、梵志所說不是不非，不是不非已得內心止。伽彌尼！是謂法定名曰遠離，汝因此定可得正念，可得一心，如是汝於現法便斷疑惑，而得昇進。

「復次，伽彌尼！多聞聖弟子離殺、斷殺，斷不與取、邪婬、妄言，至斷邪見，得正見，彼於晝日教田作耕稼，至暮放息，入室坐定，過夜曉時而作是念：『我離殺斷殺，斷不與取、邪婬、妄言，至斷邪見，得正見。』彼便自見：『我斷十惡業道，念十善業道。』彼自見斷十惡業道，念十善業道已，便生歡悅。生歡悅已，便生於喜。生於喜已，便止息身。止息身已，便身覺樂。身覺樂已，便得一心。

「伽彌尼！多聞聖弟子得一心已，則心與悲俱，遍滿一方成就遊。如是二三四方、四維上下，普周一切心與悲俱，無結無怨，無恚無諍，極廣甚大，無量善修，遍滿一切世間成就遊。彼作是念：『若沙門、梵志，如是見、如是說：「有施有齋，亦有呪說，有善惡業，有善惡業報，有此世彼世，有父有母，世有真人往至善處，善去善向，此世彼世自知自覺，自作證成就遊。」若彼沙門、梵志所說真實者，我不犯世怖與不怖，常當慈愍一切世間。我心不與衆生共諍，無濁歡悅。我得無上人上之法，昇進得安樂居，謂遠離法定。』彼沙門、梵志所說不是不非，不是不非已得內心止。伽彌尼！是謂法定名曰遠離，汝因此定可得正念，可得一心，如是於現法便斷疑惑，而得昇進。

「復次，伽彌尼！多聞聖弟子離殺斷殺，斷不與取、邪婬、妄言，至斷邪見，得正見。彼於晝日教田作耕稼，至暮放息，入室坐定，過夜曉時而作是念：『我離殺斷殺，斷不與取、邪婬、妄言，至斷邪見，得正見。』彼便自見：『我斷十惡業道，念十善業道。』彼自見斷十惡業道，念十善業道已，便生歡悅。生歡悅已，便生於喜。生於喜已，便止息身。止息身已，便身覺樂。身覺樂已，便得一心。

「伽彌尼！多聞聖弟子得一心已，則心與喜俱，遍滿一方成就遊。如是二三四方、四維上下，普周一切心與喜俱，無結無怨，無恚無諍，極廣甚大，無量善修，遍滿一切世間成就遊。彼作是念：『若有沙門、梵志，如是見、如是說：「自作、教作，自斷、教斷，自煮、教煮，愁煩憂慼，搥胸懊惱，啼哭愚癡，殺生、不與取、邪婬、妄言、飲酒，穿墻開藏，至他巷劫，害村壞邑，破城滅國，作如是者實為不作惡。又以鐵輪利如剃刀，彼於此地一切衆生，於一日中斫截斬剉，剝裂㓟割，作一肉段，一分一積；因是無惡業，因是無惡業報。恒水南岸殺、斷、煮，去恒水北岸施與作齋，呪說而來；因是無罪無福，因是無罪福報。施與、調御、守護、攝持、稱譽、饒益，惠施、愛言、利及等利，因是無福，因是無福報。」若沙門、梵志所說真實者，我不犯世怖與不怖，常當慈愍一切世間。我心不與衆生共諍，無濁歡悅。我今得無上人上之法，昇進得安樂居，謂遠離法定。』彼於沙門、梵志所說不是不非，不是不非已內得心止。伽彌尼！是謂法定名曰遠離，汝因此定可得正念，可得一心，如是汝於現法便斷疑惑，而得昇進。

「復次，伽彌尼！多聞聖弟子離殺斷殺，斷不與取、邪婬、妄言，至斷邪見，得正見。彼於晝日教田作耕稼，至暮放息，入室坐定，過夜曉時而作是念：『我離殺斷殺，斷不與取、邪婬、妄言，至斷邪見，得正見。』彼便自見：『我斷十惡業道，念十善業道。』彼自見斷十惡業道，念十善業道已，便生歡悅。生歡悅已，便生於喜。生於喜已，便止息身。止息身已，便身覺樂。身覺樂已，便得一心。

「伽彌尼！多聞聖弟子得一心已，則心與捨俱，遍滿一方成就遊。如是二三四方、四維上下，普周一切，心與捨俱，無結無怨，無恚無諍，極廣甚大，無量善修，遍滿一切世間成就遊。彼作是念：『若有沙門、梵志，如是見、如是說：「自作、教作，自斷、教斷，自煮、教煮，愁煩憂慼，搥胸懊惱，啼哭愚癡，殺生、不與取、邪婬、妄言、飲酒，穿墻開藏，至他巷劫，害村壞邑，破城滅國，作如是者實為作惡。又以鐵輪利如剃刀，彼於此地一切眾生，於一日中斫截斬剉，剝裂剬割，作一肉段，一分一積；因是有惡業，因是有惡業報。恒水南岸殺、斷、煮，去恒水北岸施與作齋，呪說而*來，因是有罪有福，因是有罪福報。施與、調御、守護、攝持、稱譽、饒益、惠施、愛言、利及等利，因是有福，因是有福報。」』若沙門、梵志所說真實者，我不犯世怖與不怖，常當慈愍一切世間。我心不與衆生共諍，無濁歡悅。我得無上人上之法，昇進得樂居，謂遠離法定。』彼於沙門、梵志所說不是不非，不是不非已得內心止。伽彌尼！是謂法定名曰遠離，汝因此定可得正念，可得一心，如是於現法便斷疑惑，而得昇進。」

說此法時，波羅牢伽彌尼遠塵離垢，諸法淨眼生。於是波羅牢伽彌尼見法得法，覺白淨法，斷疑度惑，更無餘尊，不復從他，無有猶豫，已住果證，於世尊法得無所畏。即從坐起，稽首佛足，白曰：「世尊！我今自歸佛、法及比丘衆，唯願世尊受我為優婆塞！從今日始，終身自歸，乃至命盡。」

佛說如是，波羅牢伽彌尼及諸比丘聞佛所說，歡喜奉行。

波羅牢經第十竟（四千八百）

中阿含經卷第四（一萬八百十三字）

中阿含業相應品第二竟（二萬一千六十字）

初一日誦

中阿含經卷第五

東晉罽賓三藏瞿曇僧伽提婆譯

舍梨子相應品第三有十一經　初一日誦

等心、得戒、智、師子，水喻、瞿尼、陀然梵，教病、拘絺、象跡喻，分別四諦最在後。

（二一）舍梨子相應品等心經第一

我聞如是：一時，佛遊舍衛國，在勝林給孤獨園。

爾時尊者舍梨子與比丘眾夜集講堂，因內結、外結，為諸比丘分別其義：「諸賢！世實有二種人。云何為二？有內結人阿那含，不還此間。有外結人非阿那含，還來此間。

「諸賢！云何內結人阿那含，不還此間？若有一人修習禁戒，無穿、無缺，無穢、無濁，極多無難，聖所稱譽，善修善具。彼因修習禁戒，無穿、無缺，無穢、無濁，極多無難，聖所稱譽，善修善具故，復學厭欲、無欲、斷欲。因學厭欲、無欲、斷欲故，得息心解脫。得已樂中，愛惜不離，於現法中不得究竟智，身壞命終，過摶食天，生餘意生天中。既生彼已，便作是念：『我本為人時，修習禁戒，無穿、無缺，無穢、無濁，極多無難，聖所稱譽，善修善具。因修習禁戒，無穿、無缺，無穢、無濁，極多無難，聖所稱譽，善修善具故，復學厭欲、無欲、斷欲。因學厭欲、無欲、斷欲故，得息心解脫。得已樂中，愛惜不離，於現法中不得究竟智，身壞命終，過摶食天，生餘意生天在於此中。』

「諸賢！復有一人修習禁戒，無穿、無缺，無穢、無濁，極多無難，聖所稱譽，善修善具。彼因修習禁戒，無穿、無缺，無穢、無濁，極多無難，聖所稱譽，善修善具故，復學色有斷、貪斷業，學欲捨離。因學色有斷、貪斷業，學欲捨離故，得息心解脫。得已樂中，愛惜不離，於現法中不得究竟智，身壞命終，過摶食天，生餘意生天中。既生彼已，便作是念：『我本為人時，修習禁戒，無穿、無缺，無穢、無濁，極多無難，聖所稱譽，善修善具。因修習禁戒，無穿、無缺，無穢、無濁，極多無難，聖所稱譽，善修善具故，復學色有斷、貪斷業，學欲捨離。因學色有斷、貪斷業，學欲捨離故，得息心解脫。得已樂中，愛惜不離，於現法中不得究竟智，身壞命終，過摶食天，生餘意生天在於此中。』諸賢！是謂內結人阿那含，不還此間。

「諸賢！云何外結人非阿那含，來還此間？若有一人修習禁戒，守護從解脫，又復善攝威儀禮節，見纖介罪常懷畏怖，受持學戒。諸賢！是謂外結人非阿那含，還來此間。」

於是眾多等心天，色像巍巍光輝暐曄，夜將向旦來詣佛所，稽首作禮却住一面，白曰：「世尊！尊者舍梨子昨夜與比丘衆集在講堂，因内結、外結，為諸比丘分別其義：『諸賢！世實有二種人，内結人、外結人。』世尊！衆已歡喜，唯願世尊慈哀愍念，往至講堂！」

彼時世尊為諸等心天默然而許，諸等心天知世尊默然許可，稽首佛足繞三匝已，即彼處沒。

諸等心天去後不久，於是世尊往至講堂比丘衆前，敷座而坐，世尊坐已歎曰：「善哉！善哉！舍梨子！汝極甚善。所以者何？汝於昨夜與比丘衆集在講堂，因内結、外結，為諸比丘分別其義：『諸賢！世實有二種人，内結人，外結人。』舍梨子！昨夜向旦，諸等心天來詣我所，稽首禮已，却住一面，白我言：『世尊！尊者舍梨子，昨夜與比丘衆集在講堂，因內結、外結，為諸比丘分別其義：諸賢！世實有二種人，內結人、外結人。世尊！衆已歡喜，唯願世尊慈哀愍念，往至講堂！』舍梨子！我便為彼諸等心天默然而許，諸等心天知我默然許可，稽首我足繞三匝已，即彼處沒。

「舍梨子！諸等心天或十、二十，或三十、四十，或五十、六十，共住錐頭處，各不相妨。舍梨子！諸等心天非生彼中，甫修善心極廣甚大，令諸等心天或十、二十，或三十、四十，或五十、六十，共住錐頭處，各不相妨。舍梨子！諸等心天本為人時，已修善心極廣甚大，因是故，令諸等心天或十、二十，或三十，四十，或五十、六十，共住錐頭處，各不相妨。是故，舍梨子！當學寂靜，諸根寂靜，心意寂靜，身、口、意業寂靜，向於世尊及諸智梵行。舍梨子！虛偽異學，長衰永失。所以者何？謂不得聞如此妙法。」

佛說如是，彼諸比丘聞佛所說，歡喜奉行。

等心經第一竟千一百八十一字

(二二)舍梨子相應品成就戒經第二初一日誦

我聞如是：一時，佛遊舍衛國，在勝林給孤獨園。

爾時尊者舍梨子告諸比丘：「若比丘成就戒，成就定，成就慧者，便於現法出入想知滅定，必有此處。若於現法不得究竟智，身壞命終，過摶食天，生餘意生天中，於彼出入想知滅定，必有此處。」

是時尊者烏陀夷共在衆中，尊者烏陀夷白曰：「尊者舍梨子！若比丘生餘意生天中，出入想知滅定者，終無此處。」

尊者舍梨子再三告諸比丘：「若比丘成就戒，成就定，成就慧者，便於現法出入想知滅定，必有此處。若於現法不得究竟智，身壞命終，過摶食天，生餘意生天中，於彼出入想知滅定，必有此處。」

尊者烏陀夷亦復再三白曰：「尊者舍梨子！若比丘生餘意生天中，出入想知滅定者，終無此處。」

於是尊者舍梨子便作是念：「此比丘乃至再三非我所說，無一比丘歎我所說，我寧可往至世尊所。」

於是尊者舍梨子往詣佛所，稽首作禮，却坐一面。尊者舍梨子去後不久，尊者烏陀夷及諸比丘，亦往詣佛所，稽首作禮，却坐一面。於中尊者舍梨子復告諸比丘：「若比丘成就戒，成就定，成就慧者，便於現法出入想知滅定，必有此處。若於現法不得究竟智，身壞命終，過摶食天，生餘意生天中，於彼出入想知滅定，必有此處。」

尊者烏陀夷復白曰：「尊者舍梨子！若比丘生餘意生天中，出入想知滅定者，終無此處。」

尊者舍梨子復再三告諸比丘：「若比丘成就戒，成就定，成就慧者，便於現法出入想知滅定，必有此處。若於現法不得究竟智，身壞命終，過摶食天，生餘意生天中，於彼出入想知滅定，必有此處。」

尊者烏陀夷亦復再三白曰：「尊者舍梨子！若比丘生餘意生天中

，出入想知滅定者，終無此處。」

尊者舍梨子復作是念：「此比丘於世尊前，再三非我所說，亦無一比丘歎我所說，我宜默然。」

於是世尊問曰：「烏陀夷！汝說意生天為是色耶？」

尊者烏陀夷白世尊曰：「是也，世尊！」

世尊面訶烏陀夷曰：「汝愚癡人，盲無有目，以何等故，論甚深阿毘曇？」

於是尊者烏陀夷為佛面訶已，內懷憂慼低頭默然，失辯無言如有所思。世尊面訶尊者烏陀夷已，語尊者阿難曰：「上尊名德長老比丘為他所詰，汝何以故縱而不撿，汝愚癡人，無有慈心，捨背上尊名德長老。」

於是世尊面訶尊者烏陀夷及尊者阿難已，告諸比丘：「若比丘成就戒，成就定，成就慧者，便於現法出入想知滅定，必有此處。若於現法不得究竟智，身壞命終，過摶食天，生餘意生天中，於彼出入想知滅定，必有此處。」

佛說如是，即入禪室，宴坐默然。

爾時尊者白淨比丘在於衆中，尊者阿難白尊者白淨：「是他所作，而我得責。尊者白淨！世尊晡時必從禪室出，至比丘衆前敷座而坐，共論此義。尊者白淨應答此事，我極慚愧於世尊所及諸梵行。」

於是世尊則於晡時從禪室出，至比丘衆前敷座而坐，告曰：「白淨！長老比丘為有幾法，為諸梵行者愛敬尊重？」

尊者白淨白曰：「世尊！長老比丘若有五法，為諸梵行者愛敬尊重。云何為五？世尊！長老比丘修習禁戒，守護從解脫，又復善攝威儀禮節，見纖介罪常懷畏怖，受持學戒。世尊！禁戒長老上尊比丘，為諸梵行者愛敬尊重。

「復次，世尊！長老比丘廣學多聞，守持不忘，積聚博聞。所謂法者，初善、中善、竟亦善，有義有文，具足清淨，顯現梵行。如是諸法廣學多聞，翫習至千，意所惟觀，明見深達。世尊！多聞長老上尊比丘，為諸梵行者愛敬尊重。

「復次，世尊！長老比丘得四增上心，現法樂居，易不難得。世尊！禪伺長老上尊比丘，為諸梵行者愛敬尊重。

「復次，世尊！長老比丘修行智慧，觀興衰法，得如是智，聖慧明達，分別曉了，以正盡苦。世尊！智慧長老上尊比丘，為諸梵行者愛敬尊重。

「復次，世尊！長老比丘諸漏已盡，無復有結，心解脫、慧解脫，於現法中自知自覺，自作證成就遊：生已盡，梵行已立，所作已辦，不更受有，知如真。世尊！漏盡長老上尊比丘，為諸梵行者愛敬尊重。

「世尊！長老比丘若成就此五法，為諸梵行者愛敬尊重。」

世尊問曰：「白淨！若長老比丘無此五法，當以何義使諸梵行者愛敬尊重？」

尊者白淨白曰：「世尊！若長老比丘無此五法者，更無餘事使諸梵行愛敬尊重。唯以老耄、頭白、齒落，盛壯日衰，身曲脚戾，體重氣上，柱杖而行，肌縮皮緩皺如麻子，諸根毀熟顏色醜惡，彼因此故，使諸梵行愛敬尊重。」

世尊告曰：「如是！如是！若長老比丘無此五法，更無餘事使諸梵行愛敬尊重。唯以老耄、頭白、齒落，盛壯日衰，身曲脚戾，體重氣上，柱杖而行，肌縮皮緩皺如麻子，諸根毀熟顏色醜惡，彼因此故，使諸梵行愛敬尊重。

「白淨！舍梨子比丘有此五法，汝等應當愛敬尊重。所以者何？

白淨！舍梨子比丘修習禁戒，守護從解脫，又復善攝威儀禮節，見纖芥罪常懷畏怖，受持學戒。復次，白淨！舍梨子比丘廣學多聞，守持不忘，積聚博聞。所謂法者，初善、中善、竟亦善，有義有文，具足清淨，顯現梵行。如是諸法，廣學多聞，翫習至千，意所惟觀，明見深達。復次，白淨！舍梨子比丘得四增上心，現法樂居，易不難得。復次，白淨！舍梨子比丘修行智慧，觀興衰法，得如是智，聖慧明達，分別曉了，以正盡苦。復次，白淨！舍梨子比丘諸漏已盡，無復有結，心解脫、慧解脫，於現法中自知自覺，自作證成就遊：生已盡，梵行已立，所作已辦，不更受有，知如真。白淨！舍梨子比丘成就此五法，汝等應共愛敬尊重。」

佛說如是，尊者白淨及諸比丘聞佛所說，歡喜奉行。

成就戒經第二竟一千七百四十六字

（二三）舍梨子相應品智經第三初一日誦

我聞如是：一時，佛遊舍衞國，在勝林給孤獨園。

爾時牟利破群𠈇比丘捨戒罷道，黑齒比丘聞牟利破群𠈇比丘捨戒罷道，即詣尊者舍梨子所，稽首禮足，却坐一面。坐已，白曰：「尊者舍梨子！當知牟利破群𠈇比丘捨戒罷道。」

尊者舍梨子曰：「牟利破群𠈇比丘於此法中，而愛樂耶？」

黑齒比丘問曰：「尊者舍梨子於此法中而愛樂耶？」

尊者舍梨子答曰：「黑齒！我於此法無有疑惑。」

黑齒比丘即復問曰：「尊者舍梨子於當來事，復云何耶？」

尊者舍梨子答曰：「黑齒！我於來事亦無猶*豫。」

黑齒比丘聞如是已，即從坐起往詣佛所，稽首作禮却坐一面，白曰：「世尊！尊者舍梨子今自稱說得智：生已盡，梵行已立，所作已辦，不更受有，知如真。」

世尊聞已，告一比丘：「汝往舍梨子所，語舍梨子：『世尊呼汝。』」

一比丘受教已，即從坐起，禮佛而去，往詣尊者舍梨子所，白曰：「世尊呼尊者舍梨子。」

尊者舍梨子聞已，即往詣佛，稽首作禮，却坐一面。世尊問曰：「舍梨子，汝今實自稱說得智：生已盡，梵行已立，所作已辦，不更受有，知如真耶？」

尊者舍梨子白曰：「世尊！不以此文，不以此句，我但說義。」

世尊告曰：「舍梨子！族姓子隨其方便稱說，得智者即說得智。」

尊者舍梨子白曰：「世尊！我向已說，不以此文，不以此句，我但說義。」

世尊問曰：「舍梨子！若諸梵行來問汝言：『尊者舍梨子！云何知？云何見？自稱說得智：生已盡，梵行已立，所作已辦，不更受有，知如真耶？』舍梨子！汝聞此已，當云何答？」

尊者舍梨子白曰：「世尊！若諸梵行來問我言：『尊者舍梨子！云何知？云何見？自稱說得智：生已盡，梵行已立，所作已辦，不更受有，知如真？』世尊！我聞此已，當如是答：『諸賢！生者有因，此生因盡，知生因盡已，我自稱說得智：生已盡，梵行已立，所作已辦，不更受有，知如真。』世尊！若諸梵行來問如此，我當如是答。」

世尊歎曰：「善哉！善哉！舍梨子！若諸梵行來問如此，汝應如是答。所以者何？如此說者，當知是義。」

世尊問曰：「舍梨子！若諸梵行來問汝言：『尊者舍梨子！生者何因何緣？為從何生？以何為本？』汝聞此已，當云何答？」

尊者舍梨子白曰：「世尊！若諸梵行來問我言：『尊者舍梨子！

生者何因何緣？為從何生？以何為本？』世尊！我聞此已，當如是答：『諸賢！生者因有、緣有，從有而生，以有為本。』世尊！若諸梵行來問如此，我當如是答。」

世尊歎曰：「善哉！善哉！舍梨子！若諸梵行來問如此，汝應如是答。所以者何？如此說者，當知是義。」

世尊問曰：「舍梨子！若諸梵行來問汝言：『尊者舍梨子！有者何因何緣？為從何生？以何為本？』汝聞此已，當云何答？」

尊者舍梨子白曰：「世尊！若諸梵行來問我言：『尊者舍梨子！有者何因何緣？為從何生？以何為本？』世尊！我聞此已，當如是答：『諸賢！有者因受、緣受，從受而生，以受為本。』世尊！若諸梵行來問如此，我當如是答。」

世尊歎曰：「善哉！善哉！舍梨子！若諸梵行來問如此，應如是答。所以者何？如此說者，當知是義。」

世尊問曰：「舍梨子！若諸梵行來問汝言：『尊者舍梨子！受者何因何緣？為從何生？以何為本？』汝聞此已，當云何答？」

尊者舍梨子白曰：「世尊！若諸梵行來問我言：『尊者舍梨子！受者何因何緣？為從何生？以何為本？』世尊！我聞此已，當如是答：『諸賢！受者因愛、緣愛、從愛而生，以愛為本。』世尊！若諸梵行來問如此，我當如是答。」

世尊歎曰：「善哉！善哉！舍梨子！若諸梵行來問如此，汝應如是答。所以者何？如此說者，當知是義。」

世尊問曰：「舍梨子！若諸梵行來問汝言：『尊者舍梨子！云何為愛？』汝聞此已，當云何答？」

尊者舍梨子白曰：「世尊！若諸梵行來問我言：『尊者舍梨子！云何為愛？』世尊！我聞此已，當如是答：『諸賢！謂有三覺，樂覺、苦覺、不苦不樂覺，於中樂欲著者，是謂為愛。』世尊！若諸梵行來問如此，我當如是答。」

世尊歎曰：「善哉！善哉！舍梨子！若諸梵行來問如此，汝應如是答。所以者何？如此說者，當知是義。」

世尊問曰：「舍梨子！若諸梵行來問汝言：『尊者舍梨子！云何

知？云何見？於三覺中無樂欲著？』汝聞此已，當云何答？」

尊者舍梨子白曰：「世尊！若諸梵行來問我言：『尊者舍梨子！云何知？云何見？於三覺中無樂欲著？』世尊！我聞此已，當如是答：『諸賢！謂此三覺無常法、苦法、滅法，無常法即是苦，見苦已，便於三覺無樂欲著。』世尊！若諸梵行來問如此，我當如是答。」

世尊歎曰：「善哉！善哉！舍梨子！若諸梵行來問如此，汝應如是答。所以者何？如此說者，當知是義。」

爾時世尊告曰：「舍梨子！此說復有義可得略答。舍梨子！復有何義，此說可得略答？所覺所為，即皆是苦。舍梨子！是謂復有義此說可得略答。」

世尊問曰：「舍梨子！若諸梵行來問汝言：『尊者舍梨子！云何背不向自稱說得智：生已盡，梵行已立，所作已辦，不更受有，知如真』？」

尊者舍梨子白曰：「世尊！若諸梵行來問我言：『尊者舍梨子！云何背不向自稱說得智：生已盡，梵行已立，所作已辦，不更受有，知如真？』世尊！我聞此已，當如是答：『諸賢！我自於內背而不向則諸愛盡，無驚無怖，無疑無惑，行如是守護，如其守護已，不生不善漏。』世尊！若諸梵行來問如此，我當如是答。」

世尊歎曰：「善哉！善哉！舍梨子！若諸梵行來問如此，汝應如是答。所以者何？如此說者，當知是義。」

世尊告曰：「舍梨子！復次有義此說可得略答。若諸結沙門所說，彼結非我有，行如是守護，如其守護已，不生不善漏。舍梨子！是謂復有義此說可得略答。」

世尊說如是已，即從坐起，入室燕坐。

世尊入室不久，尊者舍梨子告諸比丘：「諸賢！我始未作意，而世尊卒問此義，我作是念：恐不能答。諸賢！我初說一義，便為世尊之所讚可，我復作是念：若世尊一日一夜，以異文異句問我此義者，我能為世尊一日一夜，以異文異句而答此義。若世尊二、三、四至七日七夜，以異文異句，問我此義者，我亦能為世尊，二、三、四至七日七夜，以異文異句而答此義。」

黑齒比丘聞尊者舍梨子說如是已，即從坐起，疾詣佛所，白世尊曰：「世尊入室不久，尊者舍梨子所說至高，一向師子吼：『諸賢！我始未作意，而世尊卒問此義，我作是念：恐不能答。諸賢！我初說一義，便為世尊之所讚可，我復作是念：若世尊一日一夜，以異文異句問我此義者，我能為世尊一日一夜，以異文異句而答此義。諸賢！若世尊二、三、四至七日七夜，以異文異句問我此義者，我亦能為世尊二、三、四至七日七夜，以異文異句而答此義。』」

世尊告曰：「黑齒！如是！如是！若我一日一夜，以異文異句問舍梨子比丘此義者，舍梨子比丘必能為我一日一夜，以異文異句而答此義。黑齒！若我二、三、四至七日七夜，以異文異句問舍梨子比丘此義者，舍梨子比丘亦能為我二、三、四至七日七夜，以異文異句而答此義。所以者何？黑齒！舍梨子比丘深達法界故。」

佛說如是，尊者舍梨子及諸比丘聞佛所說，歡喜奉行。

智經第三竟一千一百六十九字

（二四）舍梨子相應品師子吼經第四初一日誦

我聞如是：一時，佛遊舍衛國，在勝林給孤獨園。

爾時世尊與大比丘眾俱，於舍衛國而受夏坐，尊者舍梨子亦遊舍衛國而受夏坐。於是尊者舍梨子舍衛國受夏坐訖，過三日已，補治衣竟，攝衣持鉢，往詣佛所，稽首禮足，却坐一面，白曰：「世尊！我於舍衛國受夏坐訖，世尊！我欲遊行人間。」

世尊告曰：「舍梨子！汝去隨所欲，諸未度者當令得度，諸未脫者當令得脫，諸未般涅槃者令得般涅槃。舍梨子！汝去隨所欲。」

於是尊者舍梨子聞佛所說，善受善持，即從坐起，稽首佛足，繞三匝而去。還至己房，收舉床座，攝衣持鉢，即便出去遊行人間。

尊者舍梨子去後不久，有一梵行在於佛前犯相違法，白世尊曰：「今日尊者舍梨子輕慢我已，遊行人間。」

世尊聞已，告一比丘：「汝往舍梨子所，語舍梨子：『世尊呼汝！汝去不久，有一梵行，在於我前犯相違法，而作是語：「世尊！今日尊者舍梨子輕慢我已，遊行人間。」』」

一比丘受教已，即從坐起禮佛而去。於是尊者阿難住世尊後，執拂侍佛。一比丘去後不久，尊者阿難即持戶鑰遍至諸房，見諸比丘便作是語：「善哉！諸尊！速詣講堂！今尊者舍梨子，當在佛前而師子吼。若尊者舍梨子所說甚深，息中之息，妙中之妙，如是說者，諸尊及我得聞此已，當善誦習，當善受持。」

彼時諸比丘聞尊者阿難語已，悉詣講堂。

爾時一比丘往詣尊者舍梨子所，白曰：「世尊呼汝！汝去不久，有一梵行，在於我前犯相違法，而作是語：『世尊！今日尊者舍梨子輕慢我已，遊行人間。』」

於是尊者舍梨子聞已，即從坐起便還詣佛，稽首禮足，却坐一面。佛便告曰：「舍梨子！汝去不久，有一梵行，在於我前犯相違法，而作是語：『世尊！今日尊者舍梨子輕慢我已，遊行人間。』舍梨子！汝實輕慢一梵行已，而遊人間耶？」

尊者舍梨子白曰：「世尊！若無身身念者，彼便輕慢於一梵行而遊人間。世尊！我善有身身念，我當云何輕慢一梵行而遊人間？世尊！猶截角牛，至忍溫良，善調善御，從村至村，從巷至巷，所遊行處無所侵犯。世尊！我亦如是，心如截角牛，無結無怨，無恚無諍，極廣甚大，無量善修，遍滿一切世間成就遊。世尊！若無身身念者，彼便輕慢於一梵行而遊人間。世尊！我善有身身念，我當云何輕慢一梵行而遊人間？

「世尊！猶旃陀羅子而截兩手，其意至下，從村至村，從邑至邑，所遊行處無所侵犯。世尊！我亦如是，心如截手旃陀羅子，無結無怨，無恚無諍，極廣甚大，無量善修，遍滿一切世間成就遊。世尊！若無身身念者，彼便輕慢於一梵行而遊人間。世尊！我善有身身念，我當云何輕慢一梵行而遊人間？

「世尊！猶若如地，淨與不淨，大便、小便、涕唾悉受，地不以此而有憎愛，不羞不慙，亦不愧恥。世尊！我亦如是，心如彼地，無結無怨，無恚無諍，極廣甚大，無量善修，遍滿一切世間成就遊。世尊！若無身身念者，彼便輕慢於一梵行而遊人間。世尊！我善有身身念，我當云何輕慢一梵行而遊人間？

「世尊！猶若如水，淨與不淨，大便、小便、涕唾悉洗，水不以此而有憎愛，不羞不慙，亦不愧恥。世尊！我亦如是，心如彼水，無結無怨，無恚無諍，極廣甚大，無量善修，遍滿一切世間成就遊。世尊！若無身身念者，彼便輕慢於一梵行而遊人間。世尊！我善有身身念，我當云何輕慢一梵行而遊人間？

「世尊！猶若如火，淨與不淨，大便、小便、涕唾悉燒，火不以此而有憎愛，不羞不慙，亦不愧恥。世尊！我亦如是，心如彼火，無結無怨，無恚無諍，極廣甚大，無量善修，遍滿一切*世間☆成就遊。世尊！若無身身念者，彼便輕慢於一梵行而遊人間。世尊！我善有身身念，我當云何輕慢一梵行而遊人間？

「世尊！猶若如風，淨與不淨，大便、小便、涕唾悉吹，風不以此而有憎愛，不羞不慙，亦不愧耻。世尊！我亦如是，心如彼風，無結無怨，無恚無諍，極廣甚大，無量善修，遍滿一切世間成就遊。世尊！若無身身念者，彼便輕慢於一梵行而遊人間。世尊！我善有身身念，我當云何輕慢一梵行而遊人間？

「世尊！猶如掃箒，淨與不淨，大便、小便、涕唾悉掃，箒不以此而有憎愛，不羞不慙，亦不愧耻。世尊！我亦如是，心如掃箒，無結無怨，無恚無諍，極廣甚大，無量善修，遍滿一切世間成就遊。世尊！若無身身念者，彼便輕慢於梵行而遊人間。世尊！我善有身身念，我當云何輕慢一梵行而遊人間？

「世尊！猶晡旃尼，淨與不淨，大便、小便、涕唾悉拭，晡旃尼不以此故而有憎愛，不羞不慙，亦不愧耻。世尊！我亦如是，心如晡旃尼，無結無怨，無恚無諍，極廣*甚大，無量善修，遍滿一切世間成就遊。世尊！若無身身念者，彼便輕慢於一梵行而遊人間。世尊！我善有身身念，我當云何輕慢一梵行而遊人間？

「世尊！猶如膏瓶，處處裂破，盛滿膏已而著日中，漏遍漏、津遍津，若有目人來住一面，見此膏瓶處處裂破，盛滿膏已而著日中，漏遍漏、津遍津。世尊！我亦如是，常觀此身九孔不淨，漏遍漏、津遍津。世尊！若無身身念者，彼便輕慢於一梵行而遊人間。世尊！我善有身身念，我當云何輕慢一梵行而遊人間？

「世尊！猶如有一自喜年少，沐浴澡洗，熏以塗香，著白淨衣，瓔珞自嚴，剃鬚治髮，頭冠華鬘，若以三屍，死蛇、死狗、及以死人，青瘀膖脹，極臭爛壞，不淨流漫，繫著咽頸，彼懷羞慙，極惡穢之。世尊！我亦如是，常觀此身臭處不淨，心懷羞慙，極惡穢之。世尊！若無身身念者，彼便輕慢於一梵行而遊人間。世尊！我善有身身念，我當云何輕慢一梵行而遊人間？」

於是彼比丘即從坐起，稽首佛足，白世尊曰：「悔過！世尊！自首！善逝！如愚如癡，如不定，如不善。所以者何？謂我以虛妄言，誣謗清淨梵行舍梨子比丘。世尊！我今悔過，願為受之，見已發露，後不更作。」

世尊告曰：「如是，比丘！汝實如愚如癡，如不定，如不善。所以者何？謂汝以虛妄言空無真實，誣謗清淨梵行舍梨子比丘。汝能悔過，見已發露，後不更作。若有悔過，見已發露，後不更作者，如是長養於聖法律，則不衰退。」

於是佛告尊者舍梨子：「汝速受彼癡人悔過，莫令彼比丘即於汝前頭破七分。」

尊者舍梨子即為哀愍彼比丘故，便受悔過。

佛說如是，尊者舍利子及諸比丘聞佛所說，歡喜奉行。

師子吼經第四竟千九百七十七字

(二五)舍梨子相應品水喻經第五 初一日誦

我聞如是：一時，佛遊舍衛國，在勝林給孤獨園。

爾時尊者舍梨子告諸比丘：「諸賢！我今為汝說五除惱法，諦聽！諦聽！善思念之。」

彼諸比丘受教而聽，尊者舍梨子言：「云何為五？諸賢！或有一人身不淨行，口淨行；若慧者見，設生恚惱，應當除之。復次，諸賢！或有一人口不淨行，身淨行；若慧者見，設生恚惱，應當除之。復次，諸賢！或有一人身不淨行，口不淨行，心少有淨；若慧者見，設生恚惱，應當除之。復次，諸賢！或有一人身不淨行，口、意不淨行口、意淨行；若慧者見，設生恚惱，應當除之。

「諸賢！或有一人身不淨行，口淨行；若慧者見，設生恚惱，當云何除？諸賢！猶如阿練若比丘持糞掃衣，見糞聚中所棄弊衣，或大便污，或小便、涕唾及餘不淨之所染污，見已左手執之，右手舒張。若非大便、小便、涕唾及餘不淨之所污處，又不穿者，便裂取之。如是，諸賢！或有一人身不淨行，口淨行，莫念彼身不淨行也，但當念彼口之淨行；若慧者見，設生恚惱，應如是除。

「諸賢！或有一人口不淨行，身淨行；若慧者見，設生恚惱，當云何除？諸賢！猶村外不遠有深水池，藁草所覆。若有人來，熱極煩悶飢渴頓乏，風熱所逼，彼至池已，脫衣置岸便入池中，兩手披蕖恣意快浴，除熱煩悶飢渴頓乏。如是，諸賢！或有一人口不淨行，身有淨行，莫念彼口不淨行，但當念彼身之淨行；若慧者見，設生恚惱，應如是除。

「諸賢！或有一人身不淨行，口不淨行，心少有淨；若慧者見，設生恚惱，當云何除？諸賢！猶四衢道有牛跡水，若有人來，熱極煩悶飢渴頓乏，風熱所逼，彼作是念：此四衢道牛跡少水，我若以手以葉取者，則擾渾濁，不得除我熱極煩悶飢渴頓乏，我寧可跪，手膝拍地，以口飲水。彼即長跪，手膝拍地，以口飲水，彼即得除熱極煩悶飢渴頓乏。如是，諸賢！或有一人身不淨行，口不淨行，心少有淨；

莫得念彼身不淨行，口不淨行，但當念彼心少有淨。諸賢！若慧者見，設生恚惱，應如是除。

「諸賢！或有一人身不淨行，口、意不淨行；若慧者見，設生恚惱，當云何除？諸賢！猶如有人遠涉長路，中道得病，極困委頓獨無伴侶，後村轉遠而前村未至。若有人來住一面，見此行人遠涉長路，中道得病，極困委頓獨無伴侶，後村轉遠而前村未至。彼若得侍人，從迴野中將至村邑，與妙湯藥，餔養美食，好瞻視者，如是此人病必得差，謂彼人於此病人極有哀愍慈念之心。如是，諸賢！或有一人身不淨行，口、意不淨行；若慧者見，便作是念：此賢身不淨行，口、意不淨行，莫令此賢因身不淨行，口、意不淨行，身壞命終趣至惡處，生地獄中。若此賢得善知識者，捨身不淨行，修身淨行；捨口、意不淨行，修口、意淨行。如是此賢因身淨行，口、意淨行，身壞命終必至善處，乃生天上，謂彼賢為此賢極有哀愍慈念之心；若慧者見，設生恚惱，應如是除。

「諸賢！或有一人身淨行，口、意淨行；若慧者見，設生恚惱，當云何除？諸賢！猶村外不遠有好池水，既清且美，其淵平滿，翠草被岸，華樹四周。若有人來，熱極煩悶飢渴頓乏，風熱所逼，彼至池已，脫衣置岸便入池中，恣意快浴，除熱煩悶飢渴頓乏。如是，諸賢！或有一人身淨行，口、意淨行，常當念彼身之淨行，口、意淨行；若慧者見，設生恚惱，應如是除。諸賢！我向所說五除惱法者，因此故說。」

尊者舍梨子所說如是，諸比丘聞已，歡喜奉行。

水喻經第五竟千一百一字

中阿含經卷第五七千一百七十四字　初一日誦

中阿含經卷第六

東晉罽賓三藏瞿曇僧伽提婆譯

（二一六）舍梨子相應品瞿尼師經第六初一日誦

我聞如是：一時，佛遊王舍城，在竹林迦蘭哆園。

爾時瞿尼師比丘亦遊王舍城，在無事室，調笑憍慠，躁擾喜忘，心如獼猴。瞿尼師比丘為少緣故，至王舍城。是時尊者舍梨子與比丘衆俱，中食已後，因小事故集在講堂。瞿尼師比丘於王舍城所作已訖，往詣講堂。

尊者舍梨子遙見瞿尼師來已，因瞿尼師告諸比丘：「諸賢！無事比丘行於無事，當學敬重而隨順觀。諸賢！若無事比丘行於無事，多不敬重，不隨順觀者，則致比丘訶數詰責：『此賢無事，何為行無事？所以者何？此賢無事行於無事，多不敬重，不隨順觀。』若至眾中，亦致比丘訶數詰責。是故，諸賢！無事比丘行於無事，當學敬重令隨順觀。

「諸賢！無事比丘行於無事，當學不調笑而不躁擾。諸賢！若無事比丘行於無事，多行調笑而躁擾者，則致比丘訶數詰責：『此賢無事，何為行無事？所以者何？此賢無事行於無事，多行調笑及於躁擾。』若至衆中，亦致比丘訶數詰責。是故，諸賢！無事比丘行於無事，當學不調笑令不躁擾。

「諸賢！無事比丘行於無事，當學不畜生論。諸賢！若無事比丘行於無事，多畜生論者，則致比丘訶數詰責：『此賢無事，何為行無事？所以者何？此賢無事行於無事，多畜生論。』若至衆中，亦致比丘訶數詰責。是故，諸賢！無事比丘行於無事，當學不畜生論。

「諸賢！無事比丘行於無事，當學不憍慠及少言說。諸賢！若無事比丘行於無事，多行憍慠，多言說者，則致比丘訶數詰責：『此賢無事，何為行無事？所以者何？此賢無事行於無事，多行憍慠及多言說。』若至衆中，亦致比丘訶數詰責。是故，諸賢！無事比丘行於無事，當學不憍慠及少言說。

「諸賢！無事比丘行於無事，當學護諸根。諸賢！若無事比丘行於無事，多不護諸根者，則致比丘訶數詰責：『此賢無事，何為行無事？所以者何？此賢無事行於無事，多不護諸根。』若至衆中，亦致比丘訶數詰責。是故，諸賢！無事比丘行於無事，當學護諸根。

「諸賢！無事比丘行於無事，當學食知止足。諸賢！若無事比丘行於無事，貪餘多食，不知足者，則致比丘訶數詰責：『此賢無事，何為行無事？所以者何？此賢無事行於無事，貪餘多食，不知止足。』若至衆中，亦致比丘訶數詰責。是故，諸賢！無事比丘行於無事，當學食知止足。

「諸賢！無事比丘行於無事，當學精進而不懈怠。諸賢！若無事比丘行於無事，多不精進而懈怠者，則致比丘訶數詰責：『此賢無事，何為行無事？所以者何？此賢無事行於無事，多不精進而反懈怠。』若至衆中，亦致比丘訶數詰責。是故，諸賢！無事比丘行於無事，當學精進而不懈怠。

「諸賢！無事比丘行於無事，當學正念及正智也。諸賢！若無事比丘行於無事，多無正念、無正智者，則致比丘訶數詰責：『此賢無事，何為行無事？所以者何？此賢無事行於無事，多無正念及無正智。』若至衆中，亦致比丘訶數詰責。是故，諸賢！無事比丘行於無事，當學正念及正智也。

「諸賢！無事比丘行於無事，當學知時及善時也，不早入村而行乞食，亦不晚出。諸賢！若無事比丘行於無事，早入村邑而行乞食，又晚出者，則致比丘訶數詰責：『此賢無事，何為行無事？所以者何？此賢無事行於無事，早入村邑而行乞食，又復晚出。』若至眾中，亦致比丘訶數詰責。是故，諸賢！無事比丘行於無事，當學知時及善時也。

「諸賢！無事比丘行於無事，當學知坐*及善坐也，不逼長老坐，為小比丘訶。諸賢！若無事比丘行於無事，逼長老坐，為小比丘訶者，則致比丘訶數詰責：『此賢無事，何為行無事？所以者何？此賢無事行於無事，逼長老坐，為小比丘訶。』若至眾中，亦致比丘訶數詰責。是故，諸賢！無事比丘行於無事，當學知坐及善坐也。

「諸賢！無事比丘行於無事，當學共論律、阿毘曇。何以故？諸賢！無事比丘行於無事時，或有來問律、阿毘曇。諸賢！若無事比丘行於無事，不知答律、阿毘曇者，則致比丘訶數詰責：『此賢無事，何為行無事？所以者何？此賢無事行於無事，不知答律及阿毘曇。』若至眾中，亦致比丘訶數詰責。是故，諸賢！無事比丘行於無事，當學共論律、阿毘曇。

「諸賢！無事比丘行於無事，當學共論息解，離色至無色定。何以故？諸賢！無事比丘行於無事時，或有來問息解脫，離色至無色定。諸賢！若無事比丘行於無事，不知答息解脫，離色至無色定者，則致比丘訶數詰責：『此賢無事，何為行無事？所以者何？此賢無事行於無事，不知答息解脫，離色至無色定。』若至衆中，亦致比丘訶數詰責。是故，諸賢！無事比丘行於無事，當學共論息解脫，離色至無色定。

「諸賢！無事比丘行於無事，當學共論漏盡智通。何以故？諸賢！無事比丘行於無事時，或有來問漏盡智通。諸賢！若無事比丘行於無事，而不知答漏盡智通者，則致比丘訶數詰責：『此賢無事，何為行無事？所以者何？此賢無事行於無事，而不知答漏盡智通。』若至衆中，亦致比丘訶數詰責。是故，諸賢！無事比丘行於無事，當學共論漏盡智通。」

是時尊者大目*揵連亦在衆中，尊者大目*揵連白曰：「尊者舍梨子！但無事比丘行於無事，應學如是法，非謂人間比丘耶？」

尊者舍梨子答曰：「尊者大目*揵連！無事比丘行於無事，尚學如是法，況復人間比丘耶！」

如是二尊更相稱說，讚歎善哉！聞所說已，從座起去。

敬重、無調笑，不畜生論、慠，
護根、食知足，精進、正念智，
知時、亦善坐，論律、阿毘曇，
及說息解*脫，漏盡通亦然。

瞿尼師經第六竟千七百四十字

（二七）中阿含舍梨子相應品梵志陀然經第七初一日誦

我聞如是：一時，佛遊王舍城，在竹林加蘭哆園，與大比丘衆俱，共受夏坐。

爾時尊者舍梨子在舍衛國，亦受夏坐。是時有一比丘，於王舍城受夏坐訖，過三月已，補治衣竟攝衣持鉢，從王舍城往舍衛國，住勝林給孤獨園。彼一比丘往詣尊者舍梨子所，稽首禮足，却坐一面。

尊者舍梨子問曰：「賢者！從何處來？於何夏坐？」

彼一比丘答曰：「尊者舍梨子！我從王舍城來，在王舍城受夏坐。」

復問：「賢者！世尊在王舍城受夏坐，聖體康強，安快無病，起居輕便，氣力如常耶？」

答曰：「如是，尊者舍梨子！世尊在王舍城受夏坐，聖體康強，安快無病，起居輕便，氣力如常。」

復問：「賢者！比丘衆、比丘尼衆在王舍城受夏坐，聖體康強，安快無病，起居輕便，氣力如常，欲數見佛，樂聞法耶？」

答曰：「如是，尊者舍梨子！比丘衆、比丘尼衆在王舍城受夏坐，聖體康強，安快無病，起居輕便，氣力如常，欲數見佛，盡樂聞法。」

復問：「賢者！優婆塞衆、優婆夷衆住王舍城，身體康強，安快無病，起居輕便，氣力如常，欲數見佛，樂聞法耶？」

答曰：「如是，尊者舍梨子！優婆塞衆、優婆夷衆住王舍城，身體康強，安快無病，起居輕便，氣力如常，欲數見佛，盡樂聞法。」

復問：「賢者！若干異學沙門、梵志，在王舍城受夏坐，身體康強，安快無病，起居輕便，氣力如常，欲數見佛，樂聞法耶？」

答曰：「如是，尊者舍梨子！若干異學沙門、梵志，在王舍城受夏坐，身體康強，安快無病，起居輕便，氣力如常，欲數見佛，盡樂聞法。」

復問：「賢者！在王舍城有一梵志，名曰陀然，是我昔日未出家友，賢者識耶？」

答曰：「識之。」

復問：「賢者！梵志陀然住王舍城，身體康強，安快無病，起居輕便，氣力如常，欲數見佛，樂聞法耶？」

答曰：「尊者舍梨子！梵志陀然住王舍城，身體康強，安快無病，起居輕便，氣力如常，不欲見佛，不樂聞法。所以者何？尊者舍梨子！梵志陀然而不精進，犯於禁戒。彼依傍於王，欺誑梵志、居士；依恃梵志、居士，欺誑於王。」

尊者舍梨子聞已，於舍衞國受夏坐訖，過三月已，補治衣竟攝衣持鉢，從舍衞國往詣王舍城，住竹林加蘭哆園。於是尊者舍梨子過夜平旦，著衣持鉢入王舍城，次行乞食，乞食已，竟往至梵志陀然家。

是時梵志陀然從其家出，至泉水邊苦治居民。梵志陀然遙見尊者舍梨子來，從坐而起，偏袒著衣，叉手向尊者舍梨子讚曰：「善來！

舍梨子！舍梨子久不來此。」

於是梵志陀然敬心扶抱尊者舍梨子，將入家中，為敷好床請使令坐，尊者舍梨子即坐其床。梵志陀然見尊者舍梨子坐已，執金澡*罐，請尊者舍梨子食。

尊者舍梨子曰：「止！止！陀然！但心喜足。」

梵志陀然復再三請食，尊者舍梨子亦再三語曰：「止！止！陀然！但心喜足。」

是時梵志陀然問曰：「舍梨子！何故入如是家而不肯食？」

答曰：「陀然！汝不精進，犯於禁戒。依傍於王，欺誑梵志、居士；依傍梵志、居士，欺誑於王。」

梵志陀然答曰：「舍梨子！當知我今在家，以家業為事，我應自安隱，供養父母，瞻視妻子，供給奴婢，當輸王租，祠祀諸天，祭餟先祖及布施沙門、梵志，為後生天而得長壽，得樂果報故。舍梨子！是一切事不可得*廢，一向從法。」

於是尊者舍梨子告曰：「陀然！我今問汝，隨所解答。梵志陀然！於意云何？若使有人為父母故而行作惡，因行惡故，身壞命終趣至惡處，生地獄中。生地獄已，獄卒執捉極苦治時，彼向獄卒而作是語：『獄卒！當知莫苦治我。所以者何？我為父母故而行作惡。』云何，陀然！彼人可得從地獄卒脫此苦耶？」

答曰：「不也。」

復問：「陀然！於意云何？若復有人為妻子故而行作惡，因行惡故，身壞命終趣至惡處，生地獄中。生地獄已，獄卒執捉極苦治時，彼向獄卒而作是語：『獄卒！當知莫苦治我。所以者何？我為妻子故而行作惡。』云何，陀然！彼人可得從地獄卒脫此苦耶？」

答曰：「不也。」

復問：「陀然！於意云何？若復有人為奴婢故而行作惡，因行惡故，身壞命終趣至惡處，生地獄中。生地獄已，獄卒執捉極苦治時，彼向獄卒而作是語：『獄卒！當知莫苦治我。所以者何？我為奴婢故而行作惡。』云何，陀然！彼人可得從地獄卒脫此苦耶？」

答曰：「不也。」

復問：「陀然！於意云何？若復有人為王、為天、為先祖、為沙門、梵志故而行作惡，因行惡故，身壞命終趣至惡處，生地獄中。生地獄已，獄卒執捉極苦治時，彼向獄卒而作是語：『獄卒！當知莫苦治我。所以者何？我為王、為天、為先祖、為沙門、梵志故而行作惡。』云何，陀然！彼人可得從地獄卒脫此苦耶？」

答曰：「不也。」

「陀然！族姓子可得如法、如業、如功德得錢財，尊重奉敬孝養父母，行福德業，不作惡業。陀然！若族姓子如法、如業、如功德得錢財，尊重奉敬孝養父母，行福德業，不作惡業者，彼便為父母之所愛念，而作是言：『令汝強健，壽考無窮。所以者何？我由汝故，安隱快樂。』陀然！若有人極為父母所愛念者，其德日進，終無衰退。「陀然！族姓子可得如法、如業、如功德得錢財，愛念妻子供給瞻視，行福德業，不作惡業。陀然！若族姓子如法、如業、如功德得錢財，愛念妻子供給瞻視，行福德業，不作惡業者，彼便為妻子之所尊重，而作是言：『願尊強健，壽考無窮。所以者何？我由尊故，安隱快樂。』陀然！若有人極為妻子所尊重者，其德日進，終無衰退。

「陀然！族姓子可得如法、如業、如功德得錢財，愍傷奴婢給恤瞻視，行福德業，不作惡業。陀然！若族姓子如法、如業、如功德得錢財，愍傷奴婢給恤瞻視，行福德業，不作惡業者，彼便為奴婢之所尊重，而作是言：『願令大家強健，壽考無窮。所以者何？由大家故，我得安隱。』陀然！若有人極為奴婢所尊重者，其德日進，終無衰退。

「陀然！族姓子可得如法、如業、如功德得錢財，尊重供養沙門、梵志，行福德業，不作惡業。陀然！若族姓子如法、如業、如功德得錢財，尊重供養沙門、梵志，行福德業，不作惡業者，彼便極為沙門、梵志之所愛念，而作是言：『令施主強健，壽考無窮。所以者何？我由施主故，得安隱快樂。』陀然！若有人極為沙門、梵志所愛念者，其德日進，終無衰退。」

於是梵志陀然即從坐起，偏袒著衣，叉手向尊者舍梨子白曰：「舍梨子！我有愛婦名曰端正，我惑彼故而為放逸，大作罪業。舍梨子！我從今日始，捨端正婦，自歸尊者舍梨子。」

尊者舍梨子答曰：「陀然！汝莫歸我，我所歸佛，汝應自歸。」

梵志陀然白曰：「尊者舍梨子！我從今日自歸於佛、法及比丘眾，唯願尊者舍梨子受我為佛優婆塞！終身自歸，乃至命盡。」

於是尊者舍梨子為梵志陀然說法，勸發渴仰成就歡喜。無量方便為彼說法，勸發渴仰成就歡喜已，從坐起去，遊王舍城。住經數日，攝衣持鉢，從王舍城出，往詣南山，住南山村北尸攝惒林中。彼時有一比丘遊王舍城，住經數日，攝衣持鉢，從王舍城出，亦至南山，住南山村北尸攝惒林中。於是彼一比丘往詣尊者舍梨子所，稽首禮足，却坐一面。

尊者舍梨子問曰：「賢者從何處來？何處遊行？」

比丘答曰：「尊者舍梨子！我從王舍城來，遊行王舍城。」

復問：「賢者！知王舍城有一梵志，名曰陀然，是我昔日未出家友耶？」

答曰：「知也。」

復問：「賢者！梵志陀然住王舍城，身體康強，安快無病，起居輕便，氣力如常，欲數見佛，樂聞法耶？」

答曰：「尊者舍梨子！梵志陀然欲數見佛，欲數聞法，但不安快，氣力轉衰。所以者何？尊者舍梨子！梵志陀然今者疾病極困危篤，或能因此而至命終。」

尊者舍梨子聞是語已，即攝衣持鉢從南山出，至王舍城，住竹林加蘭哆園。於是尊者舍梨子過夜平旦，著衣持鉢，往詣梵志陀然家。梵志陀然遙見尊者舍梨子來，見已便欲從床而起。尊者舍梨子見梵志陀然欲從床起，便止彼曰：「梵志陀然！汝臥勿起，更有餘床，我自別坐。」

於是尊者舍梨子即坐其床，坐已問曰：「陀然所患，今者何似？飲食多少？疾苦轉損，不至增耶？」

陀然答曰：「所患至困，飲食不進，疾苦但增而不覺損。尊者舍梨子！猶如力士以利刀刺頭，但生極苦，我今頭痛亦復如是。尊者舍梨子！猶如力士以緊索繩而纒絡頭，但生極苦，我今頭痛亦復如是。

尊者舍梨子！猶屠牛兒而以利刀破於牛腹，但生極苦，我今腹痛亦復如是。尊者舍梨子！猶兩力士捉一羸人在火上炙，但生極苦，我今身痛舉體生苦，但增不減亦復如是。」

尊者舍梨子告曰：「陀然！我今問汝，隨所解答。梵志陀然！於意云何？地獄、畜生，何者為勝？」

陀然答曰：「畜生勝也。」

復問：「陀然！畜生、餓鬼，何者為勝？」

陀然答曰：「餓鬼勝也。」

復問：「陀然！餓鬼比人，何者為勝？」

陀然答曰：「人為勝也。」

復問：「陀然！人、四王天，何者為勝？」

陀然答曰：「四王天勝。」

復問：「陀然！四王天、三十三天，何者為勝？」

陀然答曰：「三十三天勝。」

復問：「陀然！三十三天、燄摩天，何者為勝？」

陀然答曰：「燄摩天勝。」

復問：「陀然！燄摩天、兜率陀天，何者為勝？」

陀然答曰：「兜率陀天勝。」

復問：「陀然！兜率陀天、化樂天，何者為勝？」

陀然答曰：「化樂天勝。」

復問：「陀然！化樂天、他化樂天，何者為勝？」

陀然答曰：「他化樂天勝。」

復問：「陀然！他化樂天、梵天，何者為勝？」

陀然答曰：「梵天最勝！梵天最勝！」

尊者舍梨子告曰：「陀然！世尊、知見、如來、無所著、等正覺說四梵室，謂族姓男、族姓女修習多修習，斷欲、捨欲念，身壞命終生梵天中。云何為四？陀然！多聞聖弟子心與慈俱，遍滿一方成就遊。如是二三四方、四維上下，普周一切，心與慈俱，無結無怨，無恚無諍，極廣甚大，無量善修，遍滿一切世間成就遊。如是悲、喜，心與捨俱，無結無怨，無恚無諍，極廣甚大，無量善修，遍滿一切世間成就遊。是謂，陀然！世尊、知見、如來、無所著、等正覺說四梵室，謂族姓男、族姓女修習多修習，斷欲、捨欲念，身壞命終生梵天中。」於是尊者舍梨子教化陀然，為說梵天法已，從坐起去。尊者舍梨子從王舍城出，未至竹林加蘭哆園。於其中間，梵志陀然修習四梵室，斷欲、捨欲念，身壞命終生梵天中。

是時世尊無量大衆前後圍繞，而為說法。世尊遙見尊者舍梨子來，告諸比丘：「舍梨子比丘聰慧、速慧、捷慧、利慧、廣慧、深慧、出要慧、明達慧、辯才慧，舍梨子比丘成就實慧，此舍梨子比丘教化梵志陀然，為說梵天法來，若復上化者，速知法如法。」

於是尊者舍梨子往詣佛所，稽首禮足却坐一面，世尊告曰：「舍梨子！汝何以不教梵志陀然過梵天法，若上化者，速知法如法？」

尊者舍梨子白曰：「世尊！彼諸梵志長夜愛著梵天，樂於梵天，究竟梵天，是尊梵天，實有梵天，為我梵天。是故，世尊！我如是應。」

佛說如是，尊者舍梨子及無量百千衆聞佛所說，歡喜奉行。

梵志陀然經第七竟三千三百三十一字

(二八)中阿含舍梨子相應品教化病經第八初一日誦

我聞如是：一時，佛遊舍衞國在勝林給孤獨園。

爾時長者給孤獨疾病危篤，於是長者給孤獨告一使人：「汝往詣佛，為我稽首禮世尊足，問訊世尊：聖體康強，安快無病，起居輕便

康強，安快無病，起居輕便，氣力如常耶？作如是語：『長者給孤獨稽首佛足，問訊世尊：聖體康強，安快無病，起居輕便，氣力如常耶？』汝既為我問訊佛已，往詣尊者舍梨子所，為我稽首禮彼足已，問訊尊者：聖體康強，安快無病，起居輕便，氣力如常不？作如是語：『長者給孤獨稽首尊者舍梨子足，問訊尊者：聖體康強，安快無病，起居輕便，氣力如常不？尊者舍梨子！長者給孤獨疾病極困，今至危篤，長者給孤獨至心欲見尊者舍梨子，然體至羸乏，無力可來詣尊者舍梨子所。善哉！尊者舍梨子！為慈愍故，願往至長者給孤獨家。』」

於是使人受長者給孤獨教已，往詣佛所，稽首禮足却住一面，白曰：「世尊！長者給孤獨稽首佛足，問訊世尊：聖體康強，安快無病，起居輕便，氣力如常耶？」

爾時世尊告使人曰：「令長者給孤獨安隱快樂，令天及人、阿修羅、揵塔积、羅刹及餘種種身安隱快樂。」

於是使人聞佛所說，善受善持，稽首佛足，繞三匝而去。往詣尊者舍梨子所，稽首禮足却坐一面，白曰：「尊者舍梨子！長者給孤獨稽首尊者舍梨子足，問訊尊者：聖體康強，安快無病，起居輕便，氣力如常不？尊者舍梨子！長者給孤獨疾病極困，今至危篤，長者給孤獨至心欲見尊者舍梨子，然體至羸乏，無力可來詣尊者舍梨子所。善哉！尊者舍梨子！為慈愍故，往詣長者給孤獨家。」

尊者舍梨子即為彼故，默然而受。於是使人知尊者舍梨子默然受已，即從坐起，稽首作禮，繞三匝而去。

尊者舍梨子過夜平旦，著衣持鉢，往詣長者給孤獨家。長者給孤獨遙見尊者舍梨子來，見已便欲從床而起。尊者舍梨子見彼長者欲從床起，便止彼曰：「長者！莫起！長者！莫起！更有餘床，我自別坐。」

尊者舍梨子即坐其床，坐已問曰：「長者所患，今復何似？飲食多少？疾苦轉損不至增耶？」

長者答曰：「所患至困，飲食不進，疾苦但增而不覺損。」

尊者舍梨子告曰：「長者！莫怖！長者！莫怖！所以者何？若愚癡凡夫成就不信，身壞命終趣至惡處，生地獄中。長者今日無有不信，唯有上信。長者因上信故，或滅苦痛，生極快樂；因上信故，或得斯陀含果，或阿那含果，長者本已得須陀洹。

「長者！莫怖！長者！莫怖！所以者何？若愚癡凡夫因惡戒故，身壞命終趣至惡處，生地獄中。長者無有惡戒，唯有善戒。長者因善戒故，或滅苦痛，生極快樂；因善戒故，或得斯陀含果，或阿那含果，長者本已得須陀洹。

「長者！莫怖！長者！莫怖！所以者何？若愚癡凡夫因不多聞，身壞命終趣至惡處，生地獄中。長者無不多聞，唯有多聞。長者因多聞故，或滅苦痛，生極快樂；因多聞故，或得斯陀含果，或阿那含果，長者本已得須陀洹。

「長者！莫怖！長者！莫怖！所以者何？若愚癡凡夫因慳貪故，

身壞命終趣至惡處，生地獄中。長者無有慳貪，唯有惠施。長者因惠施故，或滅苦痛，生極快樂；因惠施故，或得斯陀含果，或阿那含果，長者本已得須陀洹。

「長者！莫怖！長者！莫怖！所以者何？若愚癡凡夫因惡慧故，身壞命終趣至惡處，生地獄中。長者無有惡慧，唯有善慧。長者因善慧故，或滅苦痛，生極快樂；因善慧故，或得斯陀含果，或阿那含果，長者本已得須陀洹。

「長者！莫怖！長者！莫怖！所以者何？若愚癡凡夫因邪見故，身壞命終趣至惡處，生地獄中。長者無有邪見，唯有正見。長者因正見故，或滅苦痛，生極快樂；因正見故，或得斯陀含果，或阿那含果，長者本已得須陀洹。

「長者！莫怖！長者！莫怖！所以者何？若愚癡凡夫因邪志故，身壞命終趣至惡處，生地獄中。長者無有邪志，唯有正志。長者因正志故，或滅苦痛，生極快樂；因正志故，或得斯陀含果，或阿那含果，長者本已得須陀洹。

「長者！莫怖！長者！莫怖！所以者何？若愚癡凡夫因邪解故，身壞命終趣至惡處，生地獄中。長者無有邪解，唯有正解。長者因正解故，或滅苦痛，生極快樂；因正解故，或得斯陀含果，或阿那含果，長者本已得須陀洹。

「長者！莫怖！長者！莫怖！所以者何？若愚癡凡夫因邪脫故，

身壞命終趣至惡處，生地獄中。長者無有邪脫，唯有正脫。長者因正脫故，或滅苦痛，生極快樂；因正脫故，或得斯陀含果，或阿那含果，長者本已得須陀洹。

「長者！莫怖！長者！莫怖！所以者何？若愚癡凡夫因邪智故，身壞命終趣至惡處，生地獄中。長者無有邪智，唯有正智。長者因正智故，或滅苦痛，生極快樂；因正智故，或得斯陀含果，或阿那含果，長者本已得須陀洹。」

於是長者病即得差，平復如故，從臥起坐，歎尊者舍梨子曰：「善哉！善哉！甚奇！甚特！尊者舍梨子！我聞教化病法，苦痛即滅，生極快樂。尊者舍梨子！我今病差，平復如故。

「尊者舍梨子！我往昔時，少有所為，至王舍城寄宿一長者家。時彼長者明當飯佛及比丘衆。時彼長者過夜向曉，教勅兒孫、奴使、眷屬：『汝等早起，當共嚴辦。』彼各受教共設廚宰，供辦餚饌種種腆美，長者躬自敷置高座，無量嚴飾。

「尊者舍梨子！我既見已，便作是念：『今此長者為婚姻事？為迎婦節會？為請國王？為呼大臣？為作齋會施設大施耶？』

「尊者舍梨子！我既念已，便問長者：『汝為婚姻事？為迎婦節會？為請國王？為呼大臣？為作齋會施設大施耶？』時彼長者而答我曰：『吾無婚姻事，亦不迎婦，不為節會，不請國王及呼大臣，但為齋會施設大施，明當飯佛及比丘衆。』

「尊者舍梨子！我未曾聞佛名，聞已舉身毛竪，即復問曰：『長者說佛，何名為佛？』時彼長者而答我曰：『君不聞乎？有釋種子捨釋宗族，剃除鬚髮著袈裟衣，至信捨家，無家學道，得無上等正覺，是名為佛。』我復問曰：『長者說衆，何名為衆？』時彼長者復答我曰：『有若干姓異名族，剃除鬚髮著袈裟衣，至信捨家無家，從佛學道，是名為衆。此佛及衆，吾之所請。』

「尊者舍梨子！我即復問彼長者曰：『世尊於今為在何處？我欲往見。』時彼長者復答我曰：『世尊今在此王舍城竹林加蘭哆園，欲往隨意。』

「尊者舍梨子！我作是念：『若速曉者，疾往見佛。』尊者舍梨子！我時至心欲往見佛，即於其夜生晝明想，便從長者家出，往至城息門。是時城息門中有二直士，一直初夜，外客使入不令有礙；一直後夜，若客使出亦不作礙。尊者舍梨子！我復作是念：『夜尚未曉，所以者何？城息門中有二直士，一直初夜，外客使入不令有礙；一直後夜，若客使出亦不作礙。』尊者舍梨子！出城息門，出外不久，明滅還暗。尊者舍梨子！我便恐怖，舉身毛竪：『莫令人非人來觸嬈我！』

「時城息門而有一天，從王舍城至竹林加蘭哆園，光明普照，來語我言：『長者！莫怖！長者！莫怖！所以者何？我本前世是汝朋友，名密器，年少極相愛念。長者！我本昔時往詣尊者大目乾連所，稽首禮足，却坐一面，尊者大目乾連為我說法，勸發渴仰成就歡喜。無量方便為我說法，勸發渴仰成就歡喜已，賜三自歸，見授五戒。長者！我因三歸，受持五戒，身壞命終生四天王天，住此城息門中。長者速去！長者速去！去實勝住。』彼天勸我而說頌曰：

得馬百臣女，　車百滿珍寶，　往詣佛一步，　不當十六分。
白象百最上，　金銀鞍勒被，　往詣佛一步，　不當十六分。
女百色端正，　瓔珞花嚴身，　往詣佛一步，　不當十六分。
轉輪王所敬，　玉女寶第一，　往詣佛一步，　不當十六分。

「天說頌已，而復勸曰：『長者速去！長者速去！去實勝住。』尊者舍梨子！我復作是念：『佛尊祐德，法及比丘衆亦尊祐德。所以者何？乃至於天，亦欲使見。』

「尊者舍梨子！我因此光明往至竹林加蘭哆園。爾時世尊夜其向旦，從禪室出露地經行，而待於我。尊者舍梨子！我遙見佛，端正姝好猶星中月，光耀暐曄晃若金山，相好具足威神巍巍，諸根寂定無有蔽礙，成就調御息心靜默。見已歡喜，前詣佛所接足作禮，隨佛經行，以長者法說頌問訊：

世尊寐安隱，　至竟眠快耶？　如梵志滅度，　以不染於欲，
捨離一切願，　逮得至安隱，　心除無煩熱，　自樂歡喜眠。

「於是世尊即便往至經行道頭，敷尼師檀，結*跏趺坐。尊者舍梨子！我禮佛足，却坐一面，世尊為我說法，勸發渴仰成就歡喜。無量方便為我說法，勸發渴仰成就歡喜已，如諸佛法，先說端正法，聞

者歡悅，謂說施、說戒、說生天法，毀呰欲為災患，生死為穢，稱歎無欲為妙，道品白淨。世尊為我說如是法已，佛知我有歡喜心、具足心、柔軟心、堪耐心、昇上心、一向心、無疑心、無蓋心，有能有力堪受正法，謂如諸佛所說正要，世尊即為我說苦、習、滅、道。尊者舍梨子！我即於坐中見四聖諦苦、習、滅、道，猶如白素易染為色，我亦如是，即於坐中見四聖諦苦、習、滅、道。

「尊者舍梨子！我已見法得法，覺白淨法，斷疑度惑，更無餘尊，不復從他，無有猶豫，已住果證，於世尊法得無所畏，即從坐起，為佛作禮：『世尊！我今自歸於佛、法及比丘眾，唯願世尊受我為優婆塞！從今日始，終身自歸，乃至命盡。』

「尊者舍梨子！我即叉手白曰：『世尊！願受我請，於舍衛國而受夏坐及比丘衆！』時佛問我：『汝名何等？舍衛國人呼汝云何？』我即答曰：『我名須達哆，以我供給諸孤獨者，是故舍衛國人呼我為給孤獨。』爾時世尊復問我曰：『舍衛國中有房舍未？』我復答曰：『舍衛國中無有房舍。』爾時世尊而告我曰：『長者！當知若有房舍，比丘可得往來，可得住止。』我復白曰：『唯然，世尊！我當如是為起房舍，比丘可得往來，於舍衛國可得住止，唯願世尊差一佐助！』爾時世尊即差尊者舍梨子，遣尊者舍梨子令見佐助。

「我於爾時聞佛所說，善受善持，即從坐起為佛作禮，繞三匝而去。於王舍城所作已訖，與尊者舍梨子俱往至舍衛國。不入舍衛城亦不歸家，便於城外周遍行地，為於何處往來極好，晝不喧鬧，夜則寂靜，無有蚊虻，亦無蠅蚤，不寒不熱，可立房舍施佛及衆？

「尊者舍梨子！我時唯見童子勝園往來極好，晝不喧鬧，夜則寂靜，無有蚊虻，亦無蠅蚤，不寒不熱。我見此已，便作是念：『唯此處好，可立房舍施佛及衆。』

「尊者舍梨子！我於爾時入舍衛國，竟不還家，便先往詣童子勝所，白曰：『童子！可賣此園持與我耶？』爾時童子便語我曰：『長者！當知吾不賣園。』如是再三，白曰：『童子！可賣此園持與我耶？』爾時童子亦復再三而語我曰：『吾不賣園，至億億布滿。』我即白曰：『童子今已決斷價數，但當取錢。』

「尊者舍梨子！我與童子或言斷價，或言不斷，大共紛訟，即便俱往至舍衛國大決斷處判論此事。時舍衛國大決斷人語童子勝曰：『童子已自決斷價數，但當取錢。』

「尊者舍梨子！我即入舍衛國，還家取錢，以象馬車舉負輦載，出億億布地，少處未遍。尊者舍梨子！我作是念：『當取何藏，不大不小，可此餘處持來布滿？』時童子勝便語我曰：『長者若悔，錢自相歸，園地還吾。』我語童子：『實不悔也，但自思念：當取何藏，不大不小，可此餘處持來滿耳？』時童子勝便作是念：『佛必大尊，有大德祐；法及比丘衆亦必大尊，有大德祐。所以者何？乃令長者施設大施，輕財乃爾，吾今寧可即於此處造立門屋施佛及衆。』

「時童子勝便語我曰：『長者且止！莫復出錢布此處也。吾於此處造立門屋，施佛及衆。』尊者舍梨子！我為慈愍故，即以此處與童子勝。

「尊者舍梨子！我即於此夏起十六大屋、六十拘絺，尊者舍梨子時見佐助。然尊者舍梨子說教化病法，甚奇甚特！我聞此教化病法已，極重疾苦即得除愈，生極快樂。尊者舍梨子！我今無病，極得安隱，願尊者舍梨子於此飯食。」

時尊者舍梨子默然受請，於是長者知尊者舍梨子默然受已，即從坐起自行澡水，以極美淨妙種種豐饒食噉含消，手自斟酌令得充滿。食訖，舉器行澡水竟，敷一小床別坐聽法。長者坐已，尊者舍梨子為彼說法，勸發渴仰成就歡喜。無量方便為彼說法，勸發渴仰成就歡喜已，從坐起去。

是時世尊無量大衆前後圍繞而為說法，世尊遙見尊者舍梨子來，告諸比丘：「舍梨子比丘聰慧、速慧、捷慧、利慧、廣慧、深慧、出要慧、明達慧、辯才慧，舍梨子比丘成就實慧。所以者何？我所略說四種須陀洹，舍梨子比丘為長者給孤獨十種廣說來。」

佛說如是，彼諸比丘聞佛所說，歡喜奉行。

教化病經第八竟（三千八百九十八字）

中阿含經卷第六（八千九百六十九字）　初一日誦

南無護法韋馱尊天菩薩

中阿含經

主　編—全佛編輯部
出版者—全佛文化出版社
地址／台北市信義路三段二〇〇號五樓
永久信箱／台北郵政二六～三四一號信箱
電話／（〇二）七〇一一〇五七・七〇一〇九四五
郵撥／一七六二六五五八　全佛文化出版社
全套定價—新台幣一二〇〇元（八冊）
初　版—一九九七年四月

國家圖書館出版品預行編目資料

中阿含經／（東晉）罽賓三藏瞿曇僧伽提婆譯；
全佛編輯部主編. --初版. --臺北市 ： 全
佛文化，1997［民 86］
冊； 公分

ISBN 957-9462-68-2(一套 ： 平裝)

1.小乘經典

221.82 86004085

隨身佛典

中阿含經

東晉罽賓三藏瞿曇僧伽提婆　譯

隨身佛典

中阿含經

東晉罽賓三藏瞿曇僧伽提婆　譯